Sascha Kurze

Kaufmotive von digitalen Gütern in Online-Spielen

Sascha Kurze

# Kaufmotive von digitalen Gütern in Online-Spielen

GRIN Verlag

Bibliografische Information der Deutschen Nationalbibliothek: Die Deutsche Bibliothek verzeichnet diese Publikation in der Deutschen Nationalbibliografie; detaillierte bibliografische Daten sind im Internet über http://dnb.d-nb.de/ abrufbar.

1. Auflage 2011
Copyright © 2011 GRIN Verlag
http://www.grin.com/
Druck und Bindung: Books on Demand GmbH, Norderstedt Germany
ISBN 978-3-640-85058-7

Diplomarbeit zum Erwerb des akademischen Abschlusses

Diplom-Wirtschaftsinformatiker in Wirtschaftsinformatik

Zum Thema

# Kaufmotive von digitalen Gütern in Online-Spielen

Fakultät für Informatik und Elektrotechnik der Universität Rostock

eingereicht am:        18.01.2011

vorgelegt von:         Sascha Kurze

Studiengang:           Wirtschaftsinformatik

Bearbeitungszeit:      6 Monate

Universität Rostock                              Universität Rostock

Fakultät für Informatik und Elektrotechnik      Wirtschafts- und Sozialwissenschaftliche Fakultät

Wirtschaftsinformatik                           Wirtschafts- und Organisationspsychologie

# Inhaltsverzeichnis

6    Fazit und Ausblick ............................................................................................ 54

# I.    Abbildungsverzeichnis

## II.   Tabellenverzeichnis

## III.    Abkürzungsverzeichnis

AGB                     Allgemeine Geschäftsbedingungen

B2B                     Business-to-Business

B2C                     Business-to-Consumer

C2C                     Consumer-to-Consumer

JPEG                    Joint Photographic Experts Group

MMOG                    Massively Multiplayer Online Game

MMORPG                  Massively Multiplayer Online Role-Playing Game

NPC                     Non-Player Character

PCA                     Principal Component Analysis

PDF                     Portable Document Format

WoW                     World of Warcraft

# 1 Einleitung

## 1.1 Problemstellung

Das Jahr 1999 war ein besonderes Jahr für die im Internet angebotenen Onlinespiele. In dem Jahr begannen die Spieler von MMORPGs[1] auf eBay ihre im Spiel hart verdienten Besitztümer an den Meistbietenden zu versteigern (Lehdonvirta, 2009 S. 98). Ein neuer Markt war kreiert worden: der Markt der virtuellen Güter (Kim, 2009). Eine Schätzung geht davon aus, dass dieser weltweite digitale Gütermarkt für Onlinespiele bereits im Jahr 2009 einen Umsatz von fast 5 Milliarden US-Dollar erreicht hat (Stone, et al., 2009). 52,6 Millionen Euro Umsatz entfielen dabei auf den deutschen Markt (BIU e.V., 2010 S. 7-8). Gleichzeitig wächst der Markt für Onlinespiele pro Jahr um circa 60 Prozent (Hoffmann, 2010). Diese Entwicklungen charakterisieren einen jungen, stark wachsenden Markt. Das haben auch die ersten New-Economy-Unternehmen erkannt und sind bereit, viel Geld für Entwicklerschmieden von Onlinespielen zu bezahlen. So hat Google im Juli 2010 etwa 100 Millionen US-Dollar (circa 71,9 Millionen Euro) in den Onlinespiele-Entwickler Zynga investiert (Maatz, 2010). Ein Jahr zuvor hatte der Spielehersteller Electronic Arts bereits das Unternehmen Playfish übernommen (Ziegler, 2009). Aber auch traditionelle Konzerne haben die neue Einnahmequelle für sich entdeckt. Der Unterhaltungskonzern Walt Disney beispielsweise hat den Onlinespiele-Entwickler Playdom für 563,2 Millionen US-Dollar (circa 405,2 Millionen Euro) gekauft (Disney will zur Größe im Internetspielemarkt werden, 2010 S. 12). Bei dieser rasanten Entwicklung sind etliche Fragen zu diesem neuartigen Ort des Angebotes und der Nachfrage nicht hinreichend beantwortet worden. Kann man mit unserem heutigen klassischen Güterverständnis überhaupt erklären, warum Menschen bereit sind, für „Nullen und Einsen" Geld[2] auszugeben? Warum kaufen die Menschen Güter, die sie weder anfassen noch riechen oder schmecken können? Eine eingehende Untersuchung dieses neuen Marktes, an dem mit virtuellen Gütern gehandelt wird, fand bisher kaum statt. Die vorliegende Arbeit will einen Beitrag dazu leisten, diese Lücke zu schließen.

---

[1] Ein Massively Multiplayer Online Role-Playing Game (Massen-Mehrspieler-Online-Rollenspiel) ist ein ausschließlich über das Internet spielbares Computer-Rollenspiel, bei dem mehrere Tausend Spieler gleichzeitig eine persistente virtuelle Welt bevölkern können. Inhaltlich ist ein MMORPG mit anderen Computer-Rollenspielen vergleichbar, jedoch liegt der Schwerpunkt mehr auf der Interaktion zwischen den Spielern und Spielergruppen (Schönefeldt, 2009 S. 64).

[2] Mit Geld wird in dieser Arbeit im Folgenden die Geldmenge M1, das sogenannte Geld im engeren Sinne bezeichnet. „Hierunter versteht man den Bargeldumlauf (ohne Kassenbestände der Kreditinstitute) sowie täglich fällige Einlagen (Sichteinlager)." (Gischer, et al., 2005 S. 14).

## 1.2 Ziele der Untersuchung

Die vorliegende Diplomarbeit geht der Frage nach, warum Nutzer von Onlinespielen bereit sind, mit realem Geld virtuelle Güter zu kaufen. Es soll unter anderem ermittelt werden, welches die Kaufmotive dieser Onlinespieler sind. Weiterhin soll geklärt werden, warum andererseits viele potenzielle Konsumenten derzeit noch nicht bereit sind, für digitale Güter in Onlinespielen zu bezahlen.

Folgende Fragen sollen dabei helfen, die zentralen Untersuchungsziele weiter zu konkretisieren:

- Warum geben Onlinespieler Geld für digitale Güter in Onlinespielen aus?
- Warum gibt es Onlinespieler, die nicht bereit sind, Geld für digitale Güter in Onlinespielen auszugeben?
- Welche Anforderungen müssen Anbieter von Onlinespielen erfüllen, um digitale Güter in Onlinespielen abzusetzen?
- Welche Marktbesonderheiten haben Anbieter von Onlinespielen zu beachten?

## 1.3 Gegenstand und Gang der Untersuchung

Da entsprechende Daten noch nicht vorlagen, war eine empirische Erhebung notwendig, um die Untersuchungsziele aus 1.2 zu erreichen. Es wurde ein Fragebogen (Anlage A) entwickelt, der die Kaufmotive der Onlinespieler offenlegen soll. Auf dieser Basis wurde die Erhebung durchgeführt.

Zu Beginn dieser Diplomarbeit sollen die terminologischen Grundlagen geklärt werden. Dazu werden die Unterscheidungsmöglichkeiten zwischen digitalen und virtuellen Gütern erörtert und einige Besonderheiten, die diesen Gütern anhaften, herausgestellt. Außerdem wird eine Typisierung der verschiedenen Typen von Onlinespielen im Internet vorgenommen. Abschließend werden im zweiten Kapitel die Begriffe Motiv, Motivation und Kaufmotiv definitorisch voneinander abgegrenzt.

Das dritte Kapitel wird das Markt- und das Erlösmodell der Anbieter von Onlinespielen hinsichtlich des Verkaufs virtueller Güter zum Gegenstand haben. Dabei soll beim Marktmodell geklärt werden, welcher Marktsituation der Onlinespiele-Anbieter unterworfen ist und wie er bei entsprechender Strategiewahl diese Gegebenheiten in seinem Sinne beeinflussen kann. Im Kapitel Erlösmodell hingegen werden die virtuellen Güter in das von Wirtz entwickelte Erlösmodell eingeordnet. Ergänzend werden auch weitere Erlösmöglichkeiten für Anbieter von Onlinespielen neben dem virtuellen Güterverkauf in Bezug zu den angebotenen Spieltypen beleuchtet.

Das vierte Kapitel wird erläutern, wie der Fragebogen aufgebaut wurde, welche Ziele dieser verfolgt und welche Werkzeuge zur Datenauswertung herangezogen wurden.

Schließlich wird im fünften Kapitel die empirische Erhebung ausgewertet und die Kaufmotive der Käufer sowie die Eigenschaften der Nicht-Käufer genau beleuchtet. Clusteringverfahren werden dazu verwendet, die Käufer und die Nicht-Käufer zu clustern und die Gruppen voneinander abzugrenzen. Aber auch weitere interessante Untersuchungsergebnisse werden vorgestellt. So können Aussagen zur Abhängigkeit/Unabhängigkeit unterschiedlicher Merkmale voneinander und zur Kaufbereitschaft unter veränderten Bedingungen gemacht werden. Daraus sollen für die Anbieter von Onlinespielen Schlussfolgerungen abgeleitet werden, worauf sie achten sollten und wie sie den Absatz verbessern können. Fazit und Ausblick bilden den Abschluss.

## 2 Terminologische Grundlagen

### 2.1 Das digitale Gut

Digitale Güter haben in der deutschsprachigen Fachliteratur keine allgemeingültige Definition. Für denselben Gegenstand werden auch unterschiedliche Bezeichnungen verwendet. Bei unterschiedlichen Autoren sind anzutreffen: digitale Güter, digitale Produkte, virtuelle Ware, digitales Informationsprodukt und Informationsgut – obwohl alle Bezeichnungen im Großen und Ganzen das Gleiche meinen (Schwietzke, 2010 S. 15-16). Das macht deutlich, wie schwierig es ist, eine allgemeingültige Definition für digitale Güter zu finden. Dennoch haben sich in den letzten Jahren zwei Definitionen im deutschen Sprachgebrauch herauskristallisiert: die Definition nach Stelzer und die Definition nach Illik. So schreibt Stelzer über digitale Güter:

„Digitale Güter sind Sachgüter und Dienstleistungen, die in Form von Binärdaten dargestellt, übertragen und verarbeitet werden können. Es sind immaterielle Mittel zur Bedürfnisbefriedigung, die sich mit Hilfe von Informationssystemen entwickeln, vertreiben und anwenden lassen." (Stelzer, 2004 S. 235)

Für Stelzer sind digitale Güter Sachgut und Dienstleistung in einem. Sie schließen sich gegenseitig nicht aus. Sie müssen immateriell sein und mit Informationssystemen in Verbindung stehen. Illik hingegen schreibt über digitale Güter Folgendes:

„Digitale Güter haben keinerlei physischen Anteil. Sie existieren nur in digitalisierter Form. Eine Abfrage einer Online-Datenbank ist beispielsweise ein digitales Gut, solange der Kunde nicht spezielle menschliche Unterweisung in deren Anwendung oder sonstige Beratungsleistungen erhält. Digitale Güter werden in der Regel elektronisch gehandelt. Eine Abwicklung über physische Medien, wie etwa Papier (z. B. der Ausdruck einer Anbieterliste) ist prinzipiell möglich. Jedoch leidet die Effizienz darunter." (Illik, 2002 S. 25)

Für beide ist somit die Immaterialität, die Digitalität sowie die Handhabung mithilfe von Informationssystemen entscheidend. Es folgt eine Aufzählung von Beispielen[3] digitaler Güter (nicht vollständig):

---

[3] In Anlehnung an (Stelzer, 2008 S. 1).

- Audios

- Videos

- Computerspiele

- Informationsdienstleistungen

- Finanz- und Telekommunikationsdienste

- Software

- E-Books

- Computerspieleinhalt

- ...

Im angelsächsischen wissenschaftlichen Schrifttum wird der Begriff digitales Gut („digital good") im Übrigen sehr selten verwendet. Meist wird die Bezeichnung „information goods" analog zum (deutschen) digitalen Gut benutzt (Lehdonvirta, 2009 S. 99) (Varian, 1998 S. 3) (Shapiro, et al., 1999 S. 3).

## 2.2 Das virtuelle Gut

### 2.2.1 Definition und Abgrenzung

Virtuelle Güter sind ebenso wie die digitalen Güter sehr schwierig abgrenzbar. Es sind in der deutschen und englischen Fachliteratur jedoch zwei Tendenzen erkennbar. Die erste Tendenz stellt digitale Güter mit den virtuellen Gütern gleich; es wird nicht zwischen virtuellen und digitalen Gütern unterschieden (Schwietzke, 2010 S. 16). Dies findet man insbesondere häufig in der deutschen Fachliteratur. Diese Gleichsetzung wird in der vorliegenden Arbeit nicht verwendet, da genau diese Abgrenzung zwischen virtuellem und digitalem Gut für das Thema bedeutsam ist. Die zweite Tendenz findet sich häufig in der angelsächsischen Fachliteratur. Virtuelle Güter werden als eine Untermenge der digitalen Güter angesehen, die alle Eigenschaften der digitalen Güter aufweisen, aber zusätzlich weitere Eingrenzungseigenschaften besitzen. Alle virtuellen Güter sind digitale Güter, aber nicht jedes digitale Gut ist automatisch ein virtuelles Gut. In diesem Teil der Arbeit sollen die Eingrenzungseigenschaften vorgestellt und weiter erläutert werden. Den Ausgangspunkt bildet die Definition der virtuellen Güter nach Grimm und Nützel, die die Autoren bereits im Jahr 2002 vorgestellt haben:

„Eine Ware (Produkt oder Dienstleistung) ist virtuell, wenn sie von ihrem ursprünglichen physikalischen Medium losgelöst ist und an ein anderes Medium derart gebunden ist, dass sie

(a) vom Menschen als virtuelles Abbild einer realen Ware erkannt und akzeptiert werden, und dass

(b) ihr Konsum allein in der Wahlfreiheit des Konsumenten liegt, d. h. vom Produzenten unabhängig und wiederholbar ist." (Grimm, et al., 2002 S. 261)

Auch wenn beide ansonsten eher als Anhänger der ersten Tendenz zu sehen sind, virtuelle und digitale Güter nicht zu unterscheiden, erklärt diese Definition eine Vielzahl von virtuellen Gütern in Onlinespielen. Menschen müssen virtuelle Güter als virtuelles Abbild einer realen Ware erkennen können. Dabei ist es jedoch unerheblich, ob wirklich ein reales Gegenstück zu dem virtuellen Gut existiert. Es muss nur vorstellbar sein, dass ein solches reales Gut existent sein könnte. Dies kann an einem Beispiel aus dem MMORPG „World of Warcraft" verdeutlicht werden. World of Warcraft (WoW) spielt in einer Fantasiewelt namens Azeroth. Innerhalb dieser Welt können Spieler über eine Website im dort angebotenen Online-Store einen Drachen als Reittier erwerben. Nun würde kaum jemand auf die Idee kommen, dass Drachen wirklich existieren, aber es ist für den Betrachter vorstellbar. Auch wenn die Definition von Grimm und Nützel (2002) die virtuellen Güter schon eingrenzt, ist sie dennoch nicht ausreichend. So erklärt die Definition nicht, ob es auch virtuelle Güter gibt, für die kein reales Gegenstück existiert.

Fairfield hat dieses Definitionsproblem im Jahr 2005 erkannt und eine Lösung entwickelt. Virtuelle Güter müssen nach seiner Definition exklusiv, persistent und interaktiv sein (Fairfield, 2005 S. 1053-1055).

Dabei bedeutet *Exklusivität*, dass ein virtuelles Gut nur von einer Person zur selben Zeit genutzt werden kann, eine andere Person dieses virtuelle Gut zu dieser Zeit also nicht benutzen kann (Lehdonvirta, 2009 S. 99). In der Logik wird dieser Zustand auch als „Satz vom ausgeschlossenen Dritten" bezeichnet (Kutschera, 1985 S. VIII).

*Persistenz* meint, dass ein Gut für längere Zeit existieren muss, um als ein Vermögenswert wahrgenommen zu werden. Güter, die verschwinden, wenn der Computer ausgeschaltet ist, sind nicht von hohem Wert (Lehdonvirta, 2009 S. 99).

*Interaktion* bedeutet, dass ein Gut nicht isoliert existieren darf. Andere Benutzer oder Systeme müssen in irgendeiner Weise dadurch beeinflusst werden (Lehdonvirta, 2009 S. 99). Wenn eine Person das Eigentum an einen bestimmten virtuellen Gegenstand hält, können andere Personen trotzdem mit diesem Gegenstand interagieren (Fairfield, 2005 S. 1054).

Die Merkmale Exklusivität, Persistenz und Interaktion kann man an einem Beispiel aus der realen Welt verdeutlichen. Viele Menschen besitzen heute ein Handy. Wenn der Besitzer des Handys es zu einem bestimmten Zeitpunkt zum Telefonieren nutzt, kann keine weitere Person dieses eine Handy im gleichen Moment benutzen (Exklusivität). Wenn man das Handy auf den Wohnzimmertisch legt, die Wohnung verlässt und später wiederkommt, wird das Handy immer noch auf dem Tisch zum Telefonieren bereitliegen (Persistenz). Jetzt kann man jemand anderem sein Handy leihen, damit diese Person telefonieren kann (Interaktion). Vielen digitalen Gütern mangelt es an einer oder mehreren dieser Eigenschaften (z. B. MP3s, JPEGs). Diese Güter gehören zwar der Menge der digitalen Güter an, aber nicht zu der Untermenge der virtuellen Güter.

Neben den Merkmalen, die in den beiden Definitionen erfasst sind, muss ein virtuelles Gut ein weiteres Charakteristikum aufweisen: Es muss in Bezug zu einem Onlinespiel stehen. Ohne die Plattform Onlinespiel existiert das virtuelle Gut nicht.

**Arbeitsdefinition für virtuelle Güter in dieser wissenschaftlichen Arbeit**

1. Virtuelle Güter stellen eine Untermenge der digitalen Güter dar, für sie gelten alle definitorischen Eigenschaften der digitalen Güter.
2. Virtuelle Güter sind häufig als virtuelles Abbild eines realen Gutes erkennbar. Dabei ist es jedoch unerheblich, ob wirklich ein reales Gegenstück zu dem virtuellen Gut existiert.
3. Ein virtuelles Gut muss in einem direkten Bezug zu einem Onlinespiel stehen.
4. Virtuelle Güter müssen folgende Eigenschaften besitzen:
    a) Exklusivität
    b) Persistenz
    c) Interaktion

Dieser Definition folgend werden digitale Güter in Onlinespielen in dieser Arbeit nur noch als virtuelle Güter bezeichnet.

Mit dieser Definition sind die virtuellen und digitalen Güter definitorisch voneinander abgegrenzt. Abbildung 1 stellt die Beziehungen schematisch dar.

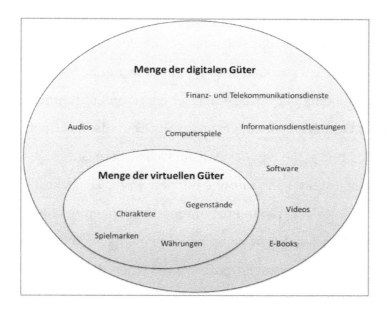

Abbildung 1: Die Menge der virtuellen Güter in Bezug zu den digitalen Gütern

Wie in der Abbildung 1 zu erkennen ist, stellen virtuelle Güter eine Untermenge der digitalen Güter dar. Virtuelle Güter treten in Onlinespielen auf. Folgende virtuelle Güter sind dabei denkbar: virtuelle Charaktere (auch Avatare genannt), virtuelle Gegenstände, virtuelle Währungen und virtuelle Spielmarken (Lehdonvirta, 2009 S. 97). Diese virtuellen Güter stehen dabei in Bezug zueinander. Als Erstes ist der Avatar zu nennen. Er ist der persönliche und daher im bestimmten Maße individuelle Charakter des Spielers. Man kann ihn steuern und nach seinen Wünschen sich entfalten lassen. Nun hat der Spieler die Möglichkeit, virtuelle Gegenstände (z. B. ein virtuelles Schwert) für diesen virtuellen Charakter zu erwerben, entweder innerhalb des Spieles oder über einen externen Kauf (z. B. über eBay). Um einen Kauf innerhalb des Spieles zu ermöglichen, benötigt der Nutzer eine virtuelle Spielmarke oder eine virtuelle Währung, die wiederum innerhalb des Spieles durch Erspielen oder durch Kauf (z. B. WoW-Goldankauf über eBay) erworben werden kann. Auch soziale Netzwerke wie Facebook haben virtuelle Güter im Angebot. So hat Facebook im Jahr 2009 eine virtuelle Währung, den sogenannten „Facebook-Credit", eingeführt (Deutsche Presse Agentur GmbH, 2009), damit Nutzer virtuelle Gegenstände in eingebetteten Spielen wie Farmville über Facebook kaufen können.

## 2.2.2 Produktion

Virtuelle Güter weisen eine besondere Eigenschaft bei der Produktion auf. Wenn ein Online-spiele-Anbieter virtuelle Güter produzieren möchte, benötigt er zuallererst ein Onlinespiel. Um ein Onlinespiel zu entwickeln, das sich auch am Spielemarkt durchsetzen kann, sind hohe Investitionskosten für die Entwicklung und Distribution nötig. Nachdem sich das Spiel am Markt durchgesetzt hat, kann der Spiele-Anbieter weiteren Content für das Spiel entwickeln und anbieten. Dieser Content kann ein virtuelles Gut sein, das für Geld von den Onlinespie-lern erworben werden muss. Die Entwicklung eines virtuellen Gutes kostet Zeit und Geld. Ist es jedoch einmal fertiggestellt, kann es ohne nennenswerte Zusatzkosten beliebig vervielfäl-tigt werden. Ein paar zuvor programmierte Automatisierungen reichen aus, um den Online-Store direkt mit dem Onlinespiel zu verknüpfen. Eine manuelle Bedienung durch den Online-spiele-Anbieter ist nicht nötig. Virtuelle Güter verursachen daher sehr hohe Fixkosten, aber kaum variable Kosten. Mit jedem neu produzierten virtuellen Gut sinken die Stückkosten, da sich die fixen Kosten auf eine größere Menge verteilen. Die Skaleneffekte[4] sind sehr stark ausgeprägt (Stelzer, 2008). Dieser Effekt ist in Abbildung 2 grafisch dargestellt.

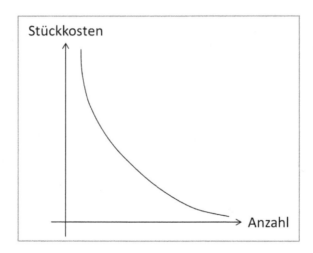

Abbildung 2: Stückkosten bei der Produktion virtueller Güter[5]

---

[4] „Als Skaleneffekt wird in der Produktionstheorie der Betriebswirtschaftslehre und in der Mikroökonomie die Abhängigkeit der Produktionsmenge von der Menge der eingesetzten Produktionsfaktoren definiert." (Schmiede, 2007 S. 67).
[5] In Anlehnung an (Müller, et al., 2002 S. 299).

Bei vielen materiellen Gütern hingegen tritt diese starke Ausprägung der Skaleneffekte nicht auf. Die Stückkosten pro ausgegebene Menge sinken aufgrund abnehmender Rüstkosten zwar bis auf eine optimale Losgröße ab, steigen bei einer noch höheren ausgegebenen Menge aufgrund der dann nötigen Lagerkosten jedoch langsam wieder an (siehe Abbildung 3).

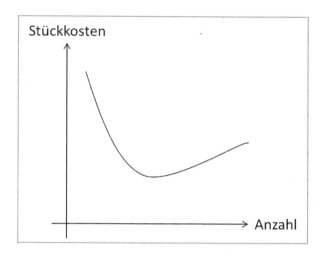

Abbildung 3: Stückkosten bei der Produktion materieller Güter[6]

Im Vergleich zu materiellen Gütern sind virtuelle Güter schneller und beliebiger reproduzierbar, verursachen bei der Reproduktion kaum messbare variable Kosten und haben keine Lagerkosten. Diese Eigenschaften machen sie für Onlinespiele-Anbieter im Hinblick auf die Generierung von Erlösen im Zusammenhang mit den angebotenen Onlinespielen so interessant.

## 2.2.3 Einordnung in die Gütersystematik

Das klassische Gütermodell wurde in den letzten Jahren hinsichtlich der digitalen Güter bedeutsam weiterentwickelt. Die Modelle von Maleri und Illik haben geklärt, wie digitale Güter in die Gütersystematik einzuordnen sind. Jedoch haben beide die virtuellen Güter bisher außer Acht gelassen, obwohl deren Verkauf für Onlinespiele-Anbieter immer wichtiger wird (Ackermann, et al., 2009 S. 49). In diesem Kapitel werden die Modelle von Maleri und Illik kurz vorgestellt und die virtuellen Güter in die bestehenden Modelle eingeordnet. Anschließend wird die Gütersystematik Handelbarkeit/Nicht-Handelbarkeit von virtuellen Gütern ausführlich erörtert, da insbesondere der Aspekt der Handelbarkeit für einen Onlinespiele-Anbieter Wettbewerbsvorteile verspricht.

---

[6] In Anlehnung an (Nebl, 2007 S. 675).

### 2.2.3.1 Einordnung in die Gütersystematik nach Maleri

Maleri hat bereits im Jahr 1997 ein mehrstufiges Modell entwickelt, welches die digitalen Güter eindeutig in die klassische Gütersphäre einordnet (Maleri, et al., 2008 S. 36). Als Güter werden dabei all die Mittel verstanden, die der Bedürfnisbefriedigung dienen und einen Mangel beseitigen. Es ist dabei unerheblich, ob das Gut materiell oder immateriell ist, es kommt allein auf den Nutzen an, den es jemandem subjektiv stiftet (Maleri, et al., 2008 S. 23). Güter können in der ersten Ordnungsebene in freie und knappe Güter (auch Wirtschaftsgüter genannt) unterteilt werden. Freie Güter sind Güter, die grundsätzlich in unbegrenzter Menge und kostenlos zur Verfügung stehen, wie z. B. Luft zum Atmen, Wasser zum Trinken (Vollmer, et al., 2008 S. 36). Davon werden die knappen Güter unterschieden, welche in nicht ausreichendem Maße zur Verfügung stehen, z. B. Goldbarren, Eis in der Wüste (Vollmer, et al., 2008 S. 36).

Knappe Güter lassen sich in der zweiten Ordnungsebene weiter in Nominalgüter und Realgüter aufteilen (Nkoa, 2006 S. 17). Nominalgüter sind durch einen Nennwert gekennzeichnet, der durch Geld- sowie Darlehens- und Beteiligungswerte ausgedrückt wird. Sie sind gleichzeitig immateriell. Fraglich ist, ob auch virtuelle Güter Nominalgüter darstellen können, haben virtuelle Währungen und virtuelle Marken doch den Zweck, virtuelle Gegenstände in Onlinespielen zu erwerben. Die Wissenschaft hat diese Frage noch nicht geklärt. Maleri verneint dies in seinem Modell. Allerdings sei darauf hingewiesen, dass sein Modell schon etwas älter ist und daher noch nicht absehbar war, dass virtuelle Güter auch einen Nennwert besitzen können (z. B. in Form von WoW-Gold, Beteiligungen an einem Grundstück in Second Life).

Realgüter lassen sich in der dritten Ordnungsebene weiter in materielle und immaterielle Realgüter differenzieren. Der Unterschied bei der Differenzierung liegt dort in der physischen Substanz (Vollmer, et al., 2008 S. 36). Materielle Güter sind körperlich greifbar, immaterielle Güter hingegen nicht. Dabei gehören digitale Güter laut Definition zu den immateriellen Gütern (Stelzer, 2000 S. 836). Da die virtuellen Güter eine Untergruppe der digitalen Güter darstellen, zählen auch sie zu den immateriellen Gütern.

Wie im Vorherigen verdeutlicht, muss das Modell von Maleri ausgebaut werden, um die erweiterten Möglichkeiten, die sich durch virtuelle Güter ergeben, zu berücksichtigen. Geld, Beteiligungswerte und Darlehenswerte können ebenso digitale (und virtuelle) Güter sein. Die allgemeine Auffassung, dass nur immaterielle Realgüter digitale Güter (und somit automatisch virtuelle Güter) sind, muss revidiert werden. Abbildung 4 verdeutlicht die Zusammenhänge noch einmal visuell.

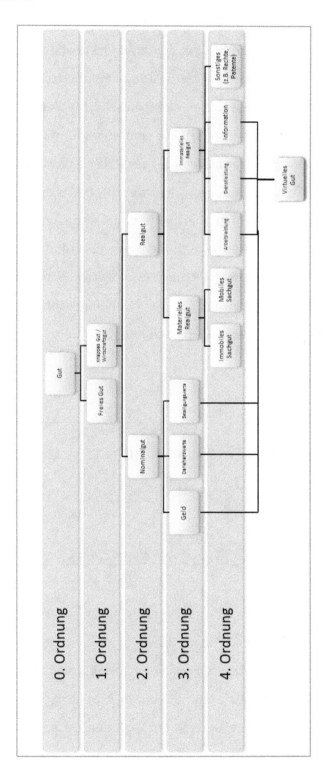

Abbildung 4: Gütersystematik nach Maleri – erweitert um die virtuellen Güter[7]

---

[7] In Anlehnung an (Schmidt, 2007 S. 12).

*2.2.3.2  Der Digitalisierungsgrad als Kriterium*

Ein weiteres häufig genutztes Systematisierungsmodell für Güter ist das Modell nach Illik (Illik, 2002 S. 25). Er unterscheidet vier Grade der physischen Beschaffenheit eines Gutes bis hin zur reinen Digitalität. Es beginnt bei den reinen physischen Gütern. Sie besitzen keinen digitalen Anteil und werden auch nicht über digitale Märkte abgesetzt (z. B. ein Buch, das bei einem Buchhändler in der Stadt gekauft wird). Die semi-physischen Güter sind immer noch physischen Charakters, werden aber über elektronische Medien gehandelt (z. B. ein Buch, das bei einem Onlinehändler bestellt wird). Die semi-digitalen Güter schließlich haben einen großen digitalen Anteil, der Anbieter bietet aber zusätzliche physische Dienste an (z. B. ein E-Book, das zusammen mit einer Schulung verkauft wird). Diese drei Güterarten werden noch den non-digitalen Gütern zugerechnet. Der letzte Grad ist das digitale Gut. Es hat weder direkt noch indirekt einen physischen Anteil und kann vollständig über digitale Datennetze distribuiert werden (Link, 2003 S. 184). Virtuelle und digitale Güter kommen ausschließlich in digitaler Form vor. Das Modell von Illik gilt damit uneingeschränkt auch für die virtuellen Güter. Abbildung 5 verdeutlicht das Modell noch einmal visuell.

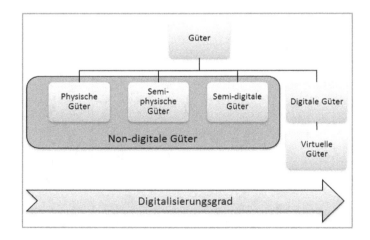

Abbildung 5: Abgrenzung von digitalen, virtuellen und non-digitalen Gütern[8]

*2.2.3.3  Handelbares versus nicht handelbares Gut*

In den letzten Jahren wurde erhebliche Forschungsarbeit geleistet, um digitale Güter in die Gütertheorie einzuordnen. Viele Autoren haben den Aspekt der Handelbarkeit jedoch nicht berücksichtigt. Mag dieser Punkt im Bereich der digitalen Güter bisher uninteressant gewesen sein, so stellt er für die virtuellen Güter ein Kernproblem dar. Virtuelle Güter können in

---

[8] In Anlehnung an (Luxem, 2001 S. 15).

handelbare und nicht handelbare Güter unterschieden werden. Die vorliegende Arbeit verdeutlicht dies anhand persönlich gesammelter Erfahrungen mit Onlinespielen.

Viele virtuelle Güter werden durch den jeweiligen Onlinespiele-Anbieter über eigene Online-Stores angeboten. So hat Blizzard in seinem Online-Store die Möglichkeit eröffnet, virtuelle Güter außerhalb der Spielewelt zu erwerben und innerhalb der Spielewelt zu nutzen (Blizzard, 2010). Hat dann ein Onlinespieler ein virtuelles Gut erworben und nutzt dieses z. B. mithilfe seines Avatars innerhalb der Spielewelt, wird es dauerhaft an den jeweiligen Nutzer und seine jeweilige individuelle Spielfigur gebunden (Blizzard, 2010). Es kann auf Plattformen wie eBay dann nicht wieder veräußert werden. Einzig ein Verkauf an einen NPC[9] innerhalb der Spielewelt gegen virtuelles Spielgeld ist denkbar. Diese virtuellen Güter sind somit nicht handelbar. Blizzard kann als Monopolist für die im Online-Store angeboten virtuellen Güter angesehen werden und den Preis außerhalb der Spielewelt beliebig festsetzen. Neben den nicht handelbaren Gütern existieren auch frei am Markt handelbare Güter. Auch hier mag World of Warcraft als Beispiel dienen. Wie beschrieben werden viele virtuelle Güter bei Nutzung an den Avatar gebunden. Das gilt jedoch nicht für alle Güter in der Spielewelt von World of Warcraft. So ist z. B. die Spielwährung „Gold" in World of Warcraft ein handelbares Gut, mit dessen Verkauf über eBay schon heute Zehntausende Menschen in Asien ihren Lebensunterhalt verdienen (Maass, 2006). Somit besitzt Blizzard auf die Spielwährung kein Handelsmonopol[10], was Blizzard durch eine Modifikation der Spielphysik schnell ändern könnte. Abbildung 6 soll die Aussagen weiter verdeutlichen.

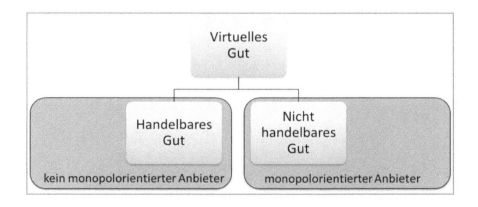

Abbildung 6: Handelbares und nicht handelbares virtuelles Gut

---

[9] Ein NPC (Non-Player Character; Nicht-Spieler-Charakter) ist ein vom Computer gesteuerter Charakter in einem Onlinespiel.

[10] Auch wenn versucht wird, einen Handel mit virtuellen Gütern zumindest rechtlich über die AGB zu verbieten.

Anbieter von Onlinespielen besitzen somit die Möglichkeit, sehr schnell eine monopolistische Marktmacht für die von ihnen angebotenen virtuellen Güter durchzusetzen. Alle anderen Anbieter von virtuellen Gütern können schnell und effektiv vom Markt ausgeschlossen werden. Ob ein Onlinespiele-Anbieter diese Monopolstellung auch wirklich ausnutzt, liegt hingegen in seinem Ermessen. Dieser Sachverhalt wird im Kapitel 3.1 „Marktmodelle" noch einmal ausführlich thematisiert.

## 2.3 Onlinespiele

Es gibt nicht „das" Onlinespiel, es muss vielmehr zwischen unterschiedlichen Spieletypen (Schmidt, et al., 2008 S. 12) unterschieden werden. Einige Typen eignen sich dabei mehr, andere weniger für einen virtuellen Güterhandel. In diesem Kapitel werden die Spieletypen vorgestellt, die für virtuellen Güterhandel am interessantesten sind.

### 2.3.1 Massively Multiplayer Online Game (MMOG)

Massively Multiplayer Online Games (MMOGs) sind Anfang der 1990er-Jahre entstanden und werden als eine Weiterentwicklung der Multi-User Dungenos (MUDs) angesehen (Jenderek, 2009 S. 313-332). Sie weisen seit Jahren kontinuierlich ansteigende Spielerzahlen auf (Schmidt, 2007 S. 76) (Woodcock, 2009). Deshalb sind sie für Spieleentwicklerschmieden so interessant. Um auf ein MMOG zugreifen zu können, wird ein Clientprogramm auf dem Computer benötigt, wobei die Darstellung meist lokal auf dem Client, die Spielmechanik hingegen meist auf dem Server liegt. Der Content wird vom Anbieter des Onlinespiels kontinuierlich weiterentwickelt, um so den Onlinespielern immer wieder neue Aufgaben und Entdeckungsmöglichkeiten im Spiel anzubieten.

Inhaltlich betrachtet können in MMOGs mehrere Tausend Spieler gleichzeitig eine persistente virtuelle Welt bevölkern und miteinander interagieren (Schönefeldt, 2009 S. 64). Viele Spieleaufgaben können nur durch soziale Interaktion sowie Zusammenspiel zwischen den Spielern gelöst werden. Das kann sogar so weit gehen, dass sich mehrere Tausend Spieler zu einem bestimmten Zeitpunkt im Spiel zusammenfinden, um gemeinsam für ein Ziel zu kämpfen. Des Weiteren ermöglichen die MMOGs einen Wettbewerb unter den Spielern, sei es durch sozialen Status (z. B. die Ausstattung des Avatars mit virtuellen Gütern), durch Zielerreichung oder direkten Kampf. MMOGs sind hinsichtlich ihrer Spielregeln sehr komplex und diese ändern sich von MMOG zu MMOG.

Wegen des fehlenden Spielendes und einer kontinuierlichen Weiterentwicklung (auch wenn der Onlinespieler nicht im Spiel aktiv ist) haben Onlinespieler häufig das Gefühl, sie könnten etwas verpassen. Oftmals gibt es ein Belohnungssystem, mit dem Onlinespieler virtuelle Güter durch Zeitaufwand oder „Dropglück"[11], z. B. beim Besiegen von NPCs, erspielen können. Hier gibt es also Ähnlichkeiten zu den Prinzipien von Glücksspielautomaten (Pfeiffer, 2009 S. 77). Aufgrund dieser Tatsachen gelten MMOGs und die Untergruppe der MMORPGs (Massi-

---

[11] Als Dropglück bezeichnet man das zufällige Fallenlassen (bzw. Finden) eines virtuellen Gegenstandes.

vely Multiplayer Online Role-Playing Games) als sehr stark suchtfördernd (Hollburg, 2009 S. 27) (Linse, 2008 S. 60) (Mayr, et al., 2008). Onlineanbieter von virtuellen Gütern wissen diesen Umstand für sich zu nutzen, indem sie Onlinespielern virtuelle Güter verkaufen, damit diese die Zeit für wiederkehrende gleichartige In-Spiel-Tätigkeiten sparen. Die Spieler können sich dann eher auf den subjektiv für sie interessanteren Content konzentrieren (Lehdonvirta, 2009 S. 105). Des Weiteren sind Abhängige eher bereit für ein „Suchtmittel" etwas zu zahlen als nicht Abhängige (Grünbichler, 2008 S. 52).

Die weltweit am häufigsten gespielten MMOGs der letzten Jahre zeigt Abbildung 7:

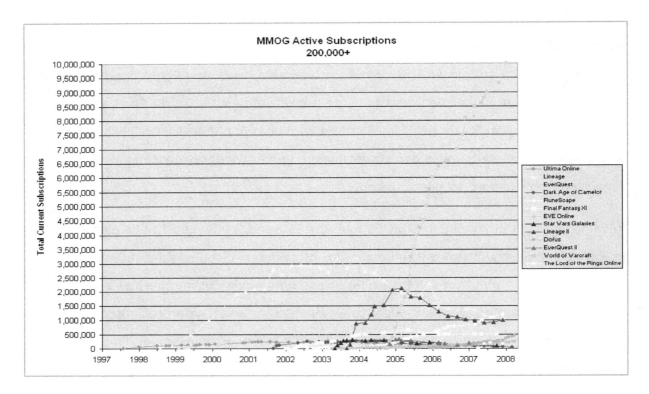

Abbildung 7: Entwicklung der Anzahl aktiver Spieler der angebotenen MMOGs[12]

---

[12] Nach (Woodcock, 2009).

## 2.3.2 Browsergames

Ein weiterer Spieletyp ist das sogenannte Browsergame.

„Browser-Games sind Onlinespiele, die ohne Download bzw. Installation eines Datenträgers auskommen, sondern den Web-Browser als Schnittstelle zwischen Spieler und Spielwelt nutzen. Bei ihnen handelt es sich oft um relativ einfache Spiele, die sehr geringe Einstiegshürden bieten und keinen hohen Zeitaufwand erfordern, um eine Partie abzuschließen." (Schmidt, et al., 2008 S. 13)

Häufig handelt es sich bei diesen Spielen um „einfache" Puzzle-, Geschicklichkeits- oder Denkspiele. Es gibt aber auch komplexere Browserspiele, die einen höheren Aufwand vom Onlinespieler erfordern (z. B. Farmville). Browsergames können entweder über eine extra Spieleplattform angeboten (www.sevengames.de), über eine eigene Seite im Netz (www.travianer.de) oder über Community- oder Contentplattformen (www.facebook.de, www.studivz.net) zugänglich gemacht werden. Browsergames werden im technischen Bereich häufig nach ihrer Programmiersprache unterschieden, z. B. in Flashgames und JavaScript-Games (Dittrich, et al., 2009 S. 9-10). Diese Unterscheidung wird in dieser Arbeit jedoch nicht thematisiert, da den durchschnittlichen Konsumenten nicht interessiert, ob das Spiel in JavaScript oder Flash läuft. Für den Konsumenten läuft das Spiel in einem Browserfenster.

Wenn ein Onlinespiele-Anbieter Erlöse durch einen Verkauf von virtuellen Gütern erzielen möchte, muss er Folgendes beachten: Das Browserspiel sollte Wettbewerb zwischen den Spielern, einen sozialen Umgang unter den Spielern sowie eine Wirklichkeitsflucht für den einzelnen Spieler ermöglichen (Long-term motivations to play MMOGs: A longitudinal study on motivations, experience and behavior, 2007 S. 346). Es gelten also dieselben Voraussetzungen wie bei MMOGs.

### 2.3.3 Virtuelle Welten

Virtuelle Welten sind virtuelle Kommunikations- und Interaktionsräume, die eine Vielzahl von Elementen der realen oder einer Fantasiewelt nachbilden (Lattemann, 2009). Dabei sind die virtuellen Räume meist dreidimensional aufgebaut und ermöglichen einen sozialen Austausch zwischen den Spielern.

Virtuelle Welten weisen viele Gemeinsamkeiten mit den bereits beschriebenen MMOGs (vgl. 2.3.1.) auf und werden in der weiten Definition von virtuellen Welten sogar miteinander gleichgesetzt. In der engen Definition dürfen virtuelle Welten jedoch „kein definiertes Ende, keine vorgegebenen Ziele und keine Spielebenen besitzen" (Lattemann, 2009) und unterscheiden sich somit von MMOGs bezüglich Ziel und Spielebene. In dieser Arbeit wird die enge Definition von virtuellen Welten verwendet. Der bekannteste Vertreter für den Spieltyp der virtuellen Welten ist Second Life.

### 2.3.4 Sonstige Spieletypen

Neben den bisher beschriebenen Spieltypen (MMOGS, Browsergames, virtuelle Welten) lassen sich weitere Typen von Onlinespielen unterscheiden, z. B. LAN-Spiele, Pervasive Games, Passive Multiplayer Online Games oder E-Sport (Schmidt, et al., 2008 S. 13-20). Da diese jedoch zurzeit eher Randerscheinungen darstellen (z. B. Pervasive Games, E-Sports, Passive Multiplayer Online Games) oder für einen über das Internet stattfindenden Handel mit virtuellen Gütern ungeeignet erscheinen (z. B. LAN-Spiele), wurden sie in der empirischen Untersuchung für diese Arbeit nicht betrachtet.

Onlinespiele können nach dem Spieletyp, aber auch nach ihrer Spielorientierung unterschieden werden. Dabei werden die Spiele in die sozial orientierten und die Game-orientierten Spiele aufgeteilt (Guo, et al., 2009 S. 78) (Lehdonvirta, et al., 2010 S. 18) (Why do people buy virtual items in virtual worlds? An empirical test of a conceptual model, 2009 S. 3). Diese Unterscheidung findet in dieser Arbeit jedoch keine Anwendung.

## 2.4 Motiv, Kaufmotiv

Abschließend stellt sich in diesem Kapitel die Frage, wie sich Motive und Kaufmotive definitorisch voneinander abgrenzen lassen. Ist die Frage nach der Ausprägung bestimmter Kaufmotive beim Kauf virtueller Güter doch Hauptziel dieser wissenschaftlichen Arbeit.

Motive werden aus dem Streben nach individueller Bedürfnisbefriedigung abgeleitet (Sprenger, 2008 S. 4). Ein Bedürfnis ist dabei der Wunsch oder das Verlangen, einen Mangelzustand zu beseitigen oder dessen Beseitigung mindestens in Aussicht zu stellen (Fröhlich, 2005 S. 326). Motive können nicht direkt beobachtet werden (Fröhlich, 2005 S. 326). Daraus folgt, dass Rückschlüsse auf die Motive eines Menschen nur indirekt über das gezeigte Verhalten gezogen werden können (Nerdinger, 2003 S. 4). Motive können in einer bestimmten Situation angeregt werden und können zu Handlungen führen (Nerdinger, 2001 S. 41). Mithilfe von Situationen bestimmte Handlungen anzuregen wird als sogenannter Anreiz definiert (Nerdinger, 2001 S. 41). Wird ein Anreiz gesetzt, kann dieser erwünschtes oder unerwünschtes Verhalten zur Folge haben. Aus der Sicht der Spieleanbieter ist es daher wichtig, geeignete Anreize zu verstärken (Nerdinger, 2001 S. 41), um ein gewünschtes Verhalten (wie z. B. den Kauf eines virtuellen Gutes) zu erreichen.

Kaufmotive besitzen für einen gewünschten Verkauf eine große Bedeutung. Die beim potenziellen Käufer psychologisch ablaufenden Vorgänge können Möglichkeiten zur gezielten Beeinflussung durch den potenziellen Verkäufer bieten (Nerdinger, 2001 S. 41). Ein Problem stellt dabei der Abstraktionsgrad der Kaufmotive dar. Das Spektrum wird durch die beiden Extremfälle gekennzeichnet. Im speziellen Fall (geringer Abstraktionsgrad) könnte jeder einzelnen Handlung ein spezielles Motiv unterstellt werden, im allgemeinen Fall (hoher Abstraktionsgrad) hingegen könnten die Ich-Motive nach Maslow das Kaufmotiv darstellen (Nerdinger, 2001 S. 42). In beiden Extremfällen entstehen jedoch spezifische Probleme: Im speziellen Fall wird ein Motiv nur beschrieben, das es jedoch zu erklären gilt; im allgemeinen Fall lässt sich hingegen nicht eindeutig ausmachen, durch welche Anreize sie angeregt werden (Nerdinger, 2001 S. 42). Somit wird meist auf „eine mehr oder weniger beliebige Anzahl von Konsummotiven mittleren Abstraktionsgrades" (Nerdinger, 2001 S. 42) zurückgegriffen.

Bänsch hat in seinem Buch „Verkaufspsychologie und Verkaufspraxis" einige Kaufmotive „für eine Vielzahl von Kunden [als] verhaltensrelevant" (Bänsch, 2006 S. 69) eingestuft, auch wenn er diese Motivliste nicht als allgemeingültige Motivliste verstanden wissen will (Bänsch, 2006 S. 69). Folgende Kaufmotive sind für Bänsch häufig verhaltensrelevant (Bänsch, 2006 S. 69):

- Gewinnmotiv
- Zeitersparnismotiv
- Sicherheitsmotiv
- Bequemlichkeitsmotiv
- Geltungsmotiv
- Nachahmungstrieb
- Ökologiemotiv

# 3 Modelle

## 3.1 Marktmodell

Um den Markt der virtuellen Güter besser zu verstehen, werden in diesem Kapitel der Anbieter und der Nachfrager genauer beleuchtet. Danach soll der Markt für virtuelle Güter in das Marktformenschema von Stackelberg eingeordnet werden und es soll geklärt werden, warum es für einen Onlinespiele-Anbieter so wichtig ist, den Markt künstlich knappzuhalten und von eventuellen Mitbewerbern abzuschotten.

Meist sind die Anbieter von Onlinespielen gleichzeitig selbst die Anbieter von virtuellen Gütern (Fleck, 2008 S. 23-26). Sie sind es, die Kosten durch den Spielebetrieb haben und ihre Betreiberkosten durch unterschiedliche Erlösmodelle decken müssen. Es gibt aber auch Onlinespieler, die ihre im Spiel erspielten Güter an andere Onlinespieler veräußern. Diese Veräußerung kann direkt innerhalb der Spielewelt oder unter Zuhilfenahme einer Plattform (z. B. eBay) erfolgen. Schließlich sind noch die gewerblichen Drittanbieter zu nennen, die unabhängige Online-Stores betreiben, deren Modell aber aufgrund der in Kapitel 2.2.3.3 beschriebenen Aussperrmöglichkeit und der rechtlichen Verbote durch die AGB auf ziemlich unsicherer Grundlage steht (Herbrand, 2008 S. IX). Als Nachfrager kommen Onlinespieler in Betracht.

Beim Kauf virtueller Güter handelt es sich meist um Business-to-Consumer-Geschäfte (B2B-Geschäfte). Consumer-to-Consumer-Geschäfte (C2C-Geschäfte) finden nur über Plattformen wie eBay oder direkt innerhalb des Onlinespieles statt. Business-to-Business-Geschäfte (B2B-Geschäfte) sind hingegen nur theoretisch möglich.

Wie bereits im Kapitel 2.2.3.3 angeklungen, können Onlinespiele-Anbieter entweder eine monopolistische Marktmacht in Bezug auf die von ihnen angebotenen virtuellen Güter ausüben oder den Markt für Mitbewerber öffnen und dadurch ein Polypol schaffen. Beide Formen haben für den jeweiligen Onlinespiele-Anbieter Vor- und Nachteile. Es kommt dabei darauf an, welche Strategie der Anbieter umsetzten möchte. Verfolgt der Spiele-Anbieter eine polypolistische Strategie, sieht dieser sich als reine Vermittlerplattform und versucht durch die Generierung von Alternativerlösen (z. B. durch Premiummodelle) Gewinne zu erwirtschaften. Die Entscheidung, seitens des Plattformbetreibers ein Polypol zu erlauben, kann die Onlinespieler dazu bewegen, neue virtuelle Güter zu entwickeln und gewinnbringend abzusetzen. Die Vermittlerplattform ist hier in etwa mit einem Staat vergleichbar. Er legt die grundsätzlichen Regeln für die Teilnahme am virtuellen Gütermarkt fest und erhält dafür Prämien. Der bekannteste Vertreter dieses Modells ist Second Life (Hentschel, 2007 S. 37-38). Für MMOGs sowie Browsergames kommt die polypolistische Strategie zurzeit nicht in Betracht. Sie sollten eher eine monopolistische Strategie verfolgen. Entwicklungen neuer virtueller Güter vonseiten der Spieler können nämlich die Spielphysik nachteilig beeinflussen. Der entstehende Wettbewerb zwischen Drittanbietern und Onlinespiele-Anbieter schmälert den Gewinn. Betreiber wie Blizzard versuchen deswegen mithilfe von AGB den Handel mit virtuellen Gütern zu verbieten oder unterbinden ihn unter Zuhilfenahme der Spielphysik gleich komplett (siehe Kapitel 2.2.3.3). Doch trotz all dieser Maßnahmen findet immer noch ein reger Goldhandel auf eBay statt. Unternehmen wie Zynga haben deshalb eine verbesserte Lösung entwickelt. Um in Farmville virtuelle Güter käuflich zu erwerben, muss man zuerst sein Geld in eine virtuelle Währung tauschen (z. B. Facebook Credits), die weder anderen Spielern überschrieben noch in Geld zurückgetauscht werden kann. Des Weiteren wird das virtuelle Gut beim Kauf an den jeweiligen Avatar gebunden. Durch diese Maßnahmen wird sichergestellt, dass kein virtueller Güterhandel auf Plattformen wie eBay stattfinden kann. Der Onlinespiele-Anbieter kann dann monopolistisch agieren.

Der Markt der virtuellen Güter muss weiterhin durch die Onlinespiele-Anbieter künstlich knappgehalten werden (Kurz, et al., 2010 S. 175). Wenn die angebotenen Güter nicht knapp sind, ist der Kauf für einen Onlinespieler nicht interessant. Die Exklusivität ist dann für den Spieler nicht mehr gegeben (Thiedeke, 2004 S. 37). Diese Güterknappheit muss vom Onlinespiele-Anbieter gewährleistet werden. Dabei ist jedoch darauf zu achten, dass das virtuelle Gut einem Spieler Eigennutzen vermittelt und gleichzeitig für die virtuelle Gemeinschaft den Gesamtnutzen mehrt (Thiedeke, 2004 S. 37).

## 3.2  Erlösmodelle

Onlinespiele bieten neben dem Verkauf von virtuellen Gütern viele weitere unterschiedliche Erlösmodelle. Der Handel mit virtuellen Gütern ist nur ein Erlösmodell unter vielen. In diesem Kapitel wird die Erlösmodellsystematik von Wirtz kurz erläutert und auf die drei in Kapitel 2.3 behandelten Spieletypen angewandt. Auch werden die einzelnen Erlösformen für MMOGs, Browsergames und virtuelle Welten genauer betrachtet.

Es gibt nach Wirtz unterschiedliche Erlösformen, die sich nach bestimmten Kriterien systematisieren lassen (Wirtz, 2010 S. 215-218). Wirtz unterscheidet auf der einen Seite zwischen der transaktionsabhängigen und der transaktionsunabhängigen Erlösgenerierung und auf der anderen Seite zwischen direkter und indirekter Erlösgenerierung. Erlöse werden nach Wirtz dann transaktionsabhängig genannt, wenn sie „aufgrund einer Interaktion zwischen dem Nutzer einer Leistung und dem Unternehmen erhoben werden" (Wirtz, 2010 S. 215). Sonst sind sie transaktionsunabhängig.

Bei direkten und indirekten Erlösen kommt es hingegen darauf an, ob ein drittes Unternehmen zwischengeschaltet wird und die Erlöse über diesen Dritten erwirtschaftet werden oder nicht (Wirtz, 2010 S. 215). Wenn die Erlöse über einen Dritten generiert werden, handelt es sich um indirekte Erlöse, ansonsten wird von direkten Erlösen gesprochen. Kombiniert man nun direkte/indirekte Erlöse mit den transaktionsabhängigen/transaktionsunabhängigen Erlösen, erhält man die von Wirtz entwickelte Erlösmodellsystematik. Diese Erlösmodellsystematik ist in Tabelle 1 dargestellt. Die Erlöse aus dem Handel mit virtuellen Gütern sind nach diesem Modell zu den transaktionsunabhängigen direkten Erlösen zu zählen.

| Erlösmodellsystematik | | |
|---|---|---|
| | **Direkte Erlösgenerierung** | **Indirekte Erlösgenerierung** |
| **Transaktionsabhängig** | • Transaktionserlöse im eigentlichen Sinn<br>• Verbindungsgebühren<br>• Nutzungsgebühren | • Provisionen |
| **Transaktionsunabhängig** | • Einrichtungsgebühren<br>• Grundgebühren | • Bannerwerbung<br>• Data-Mining-Erlöse<br>• Sponsoring |

Tabelle 1: Erlösmodellsystematik nach Wirtz[13]

Um die einzelnen Onlinespiele auf ihr Erlösmodell hin zu überprüfen, sollen die Spieletypen getrennt voneinander betrachtet werden.

Um MMOGs in die Erlösmodellsystematik einzuordnen, kommt es zuallererst darauf an, ob es sich um ein kostenlos angebotenes oder ein kostenpflichtiges MMOG handelt (Korchmar, 2007 S. 41). Die kostenlosen MMOGs finanzieren sich meist durch transaktionsunabhängige direkte Erlöse (Verkauf von virtuellen Gütern). Eine transaktionsunabhängige indirekte Erlösgenerierung (In-Game-Advertising, Sponsoring) wäre denkbar, ist aber nicht gängig.

Die kostenpflichtigen MMOGs finanzieren sich hingegen meist durch transaktionsunabhängige direkte Erlöse (Abogebühren, Kauf der Clientsoftware). Transaktionsabhängige direkte Erlöse (Erlösgenerierung aufgrund einer bestimmten Nutzungsdauer) sind selten anzutreffen. Kostenpflichtige MMOGs können auch mehrere Erlösformen nebeneinander nutzen. Der Marktführer Blizzard mit seinem MMOG (Fischer, 2009 S. 321) World of Warcraft verkauft Expansion Packs (Einrichtungsgebühr), erhebt monatliche Abogebühren (Grundgebühr) und bietet virtuelle Güter in seinem Online-Store an. Es werden aber auch Zusatzerlöse, z. B. durch den Verkauf von Merchandising-Artikeln, erzielt.

Die Browserspiele erzielen ihre Erlöse hingegen meist transaktionsunabhängig und indirekt (Werbung), monatliche Abogebühren und virtueller Güterhandel spielen zurzeit noch eine eher untergeordnete Rolle (Dittrich, et al., 2009 S. 57). Ein Erlös durch Handel mit virtuellen Gütern verspricht nach Dittrich und Behles erst bei komplexeren Browserspielen Erfolg (Dittrich, et al., 2009 S. 58).

---

[13] Nach (Wirtz, 2010 S. 216)

Virtuelle Welten erzielen ihre Erlöse häufig aus einem monatlichen Abonnement, aus Werbung, aber auch aus dem Handel mit virtuellen Gütern (Pannicke, et al., 2009 S. 218). Einer der bekanntesten Vertreter der virtuellen Welten, Second Life, generiert einen Großteil seiner Erlöse aus dem Verkauf von virtuellen Grundstücken (Siklos, 2006).

Tabelle 2 fasst die Aussagen zu den Erlösmodellen der Spieletypen noch einmal zusammen und ordnet sie in die Erlösmodellsystematik von Wirtz ein. Es ist dabei jedoch zu beachten, dass aufgrund der unüberschaubaren Menge an Onlinespielen keine Allgemeingültigkeit für die Aussagen beansprucht werden kann. Es soll vielmehr ein grober Trend für die Erlösmodelle bei den unterschiedlichen Spieletypen gegeben werden.

| Erlösmodellsystematik | | |
|---|---|---|
| | **Direkte Erlösgenerierung** | **Indirekte Erlösgenerierung** |
| **Transaktionsabhängig** | • Kostenpflichtige MMOGs (nicht gängig) | |
| **Transaktionsunabhängig** | • Kostenlose MMOGs <br> • Kostenpflichtige MMOGs <br> • (Browsergames) <br> • Virtuelle Welten | • Kostenlose MMOGs (nicht gängig) <br> • Browsergames <br> • Virtuelle Welten |

Tabelle 2: Erlösmodellsystematik in Bezug zu den Spieletypen

# 4 Durchführung der empirischen Untersuchung

## 4.1 Aufbau des Fragebogens

Da bislang geeignete Daten zum Thema der Arbeit nicht vorlagen, wurde eine eigene Erhebung geplant. Dazu wurce ein Fragebogen entwickelt, der die Motive zum Kauf virtueller Güter untersuchen und cffenlegen sollte. Weiterhin sollte die Erhebung beantworten, warum einige Menschen bisher noch nicht bereit sind, virtuelle Güter käuflich zu erwerben. Beim Entwerfen des Fragebogens wurden eigene Erfahrungen im Bereich der Onlinespiele und im virtuellen Güterhandel berücksichtigt, informelle Face-to-Face-Gespräche mit Onlinespielern geführt sowie Publikationen und wissenschaftliche Protokolle zu dem Thema ausgewertet. Vor der Fertigstellung wurde der Fragebogen einem Pretest unterzogen, in dem er vorab Onlinespielern ($n = 5$) mit der Bitte um Feedback gezeigt wurde. Diese Hinweise wurden zur Überarbeitung des Fragebogens berücksichtigt. Der Fragebogen ist in Anlage A einsehbar. Er besteht aus zehn Fragen, von denen die Teilnehmer maximal acht bis neun Fragen beantworten mussten. Es kam darauf an, ob der Teilnehmer bereits Geld für virtuelle Güter ausgegeben hatte (neun Fragen) oder noch nicht (acht Fragen).

Die erste Frage soll klärer, inwieweit die Teilnehmer überhaupt bereit sind, Geld für Onlinespiele auszugeben und ob eventuelle Konvergenzen zwischen einem kostenpflichtigen Abonnement und dem Kauf von virtuellen Gütern bestehen. Es soll untersucht werden, ob die Hemmschwelle geringer ist, Geld für virtuelle Güter auszugeben, wenn bereits monatliche Abogebühren fällig sind, oder ob die Hemmschwelle dadurch sogar noch höher wird.

In der zweiten Frage sollten die Teilnehmer angeben, welchen Onlinespieletyp sie hauptsächlich spielen. In diesem Teil der Erhebung sollen eventuelle Unterschiede zwischen den Spieletypen und der Bere tschaft der Spieler, einen virtuellen Güterkauf durchzuführen, untersucht werden. Um den Teilnehmer nicht dazu zu zwingen, sich für einen Spieletyp zu entscheiden, wurde eine Mehrfachantwort ermöglicht.

Die dritte Frage zielte auf die Spielhäufigkeit der Teilnehmer ab. Es soll geklärt werden, ob Onlinespieler, die häufiger Onlinespiele spielen, eher bereit sind, Geld für virtuelle Güter auszugeben, als Onlinespieler, die seltener spielen.

Die vierte Frage trennt die Teilnehmer in Käufer von virtuellen Gütern und Nicht-Käufer. Mit der Frage soll außerdem in Erfahrung gebracht werden, wie hoch der Anteil der Käufer in Bezug zu den Onlinespielern insgesamt ist.

In der fünften Testfrage wurden die Käufer von virtuellen Gütern zu ihren Kaufmotiven befragt. Der Fragebogen bot dazu allen Käufern von virtuellen Gütern ($n = 49$) zehn Wahlmöglichkeiten (Items) zu der Frage: „Warum haben Sie echtes Geld für virtuelle Güter in Onlinespielen ausgegeben?" an. Diese waren jeweils nach 5er-Likert-Skala – von *(1) trifft voll zu* bis *(5) trifft nicht zu* – zu bewerten. Die Teilnehmer hatten darüber hinaus die Möglichkeit, mit *Weiß nicht* zu antworten, um Verfälschungen durch eine erzwungene Item-Bewertung zu vermeiden. Das Item *Sonstiges* ermöglichte es den Teilnehmern, weitere, nach deren Meinung fehlende Items in einer offenen Antwort zu beschreiben.

Die meisten der zehn Items wurden dabei aus „Verkaufspsychologie und Verkaufstechnik" von Bänsch abgeleitet (Bänsch, 2006 S. 69-78). Folgende Items sollten dabei folgende Motive repräsentieren (Tabelle 3):

| | Item | Kaufmotiv |
|---|---|---|
| 1. | „weil ich schneller im Spiel vorankommen wollte" | Zeitersparnismotiv |
| 2. | „weil ich neugierig war" | *Neugiermotiv* |
| 3. | „weil ich stärker sein wollte als meine Gegner" | *Machtmotiv* |
| 4. | „weil andere Leute es auch gekauft haben" | Nachahmungstrieb |
| 5. | „weil ich das gekaufte virtuelle Gut reizvoll/schön fand" | Abwechslungsmotiv |
| 6. | „weil ein Teil des Geldes sozialen Einrichtungen gespendet wurde" | *Sozialmotiv* |
| 7. | „weil ein Teil des Geldes in ökologische Projekte ging" | Ökologiemotiv |
| 8. | „weil ich es wieder (für echtes Geld) verkaufen konnte" | Gewinnmotiv |
| 9. | „weil ich etwas haben wollte, was andere nicht haben" | Geltungsmotiv |
| 10. | „weil es bequemer ist" | Bequemlichkeitsmotiv |

Tabelle 3: Items und die von ihnen repräsentierten Kaufmotive

Neben den Motiven von Bänsch wurden zusätzlich drei weitere Motive einbezogen (*kursiv* gesetzt in Tabelle 3). Die Aufnahme der zusätzlichen Motive lässt sich durch bestimmte Eigenschaften, die virtuellen Gütern anhaften, erklären. So wurde die menschliche Neugier als Motiv berücksichtigt. „Neugier ist das Verlangen, Neues zu erfahren und insbesondere Verborgenes kennen zu lernen" (Lackner, 2010 S. 104). Das Motiv Neugier ist mit aufgenommen worden, da virtuelle Güter etwas Neues, noch nie Dagewesenes für den Konsumenten darstellen. Es ist denkbar, dass Konsumenten am Anfang virtuelle Güter aus reiner Neugier kaufen, vor allem, weil Konsumenten virtuelle Güter meist vorher meist nicht testen und noch viel seltener wieder zurückgeben können. Das Machtmotiv wurde mit aufgenommen, da in vielen Onlinespielen die gekauften virtuellen Güter den Avatar des Spielers stärken und er somit gegenüber seinen Gegnern (seien es reale Gegner oder NPCs) in eine Dominanzrolle schlüpfen kann (Trippe, 2009 S. 41-44). Das Sozialmotiv hingegen wurde mit aufgenommen, da es neben ökologischen Motiven auch soziale Motive geben kann. Ein Mensch, der soziale Verantwortung für Schlechtergestellte übernimmt, muss nicht automatisch ökologisch denken (und wer ökologisch denkt, muss nicht automatisch sozial sein). Auch wenn man erwarten würde, dass diese beiden Motive stark miteinander korrelieren. Mithilfe dieser Testfrage sollen die Käufer auch geclustert werden.

Aus den Antworten auf die sechste Frage sollte der durchschnittliche Erlös pro Käufer ermittelt werden.

Die siebte Frage richtete sich nur an die Nicht-Käufer. Die neun Items sollten wiederum über eine 5er-Likert-Skala bewertet werden. Die Antworten sollten einen Beitrag zur Erklärung liefern, warum die Nicht-Käufer noch keinen virtuellen Güterkauf getätigt haben. Weiterhin sollte versucht werden, auch die Nicht-Käufer zu clustern. Dem Onlinespiele-Anbieter sollen Handlungsmöglichkeiten aufgezeigt werden, mit denen die bisherigen Nicht-Käufer unter Umständen zu einem Kauf zu bewegen sind.

Die achte Frage soll mithilfe einer 5er-Likert-Skala bei Käufern sowie Nicht-Käufern prüfen, ob Sie bereit wären, Geld bzw. mehr Geld für virtuelle Güter auszugeben, wenn bestimmte Bedingungen des virtuellen Güterkaufes sich für sie ändern, und vor allem, ob die Erlösgenerierung durch virtuelle Güter für Onlinespiele-Anbieter ausbaufähig sind. Sie steht in engem Zusammenhang mit Frage fünf und Frage sieben.

Schließlich wurde in der neunten und zehnten Frage nach Alter und Geschlecht gefragt. Diese personenbezogenen Merkmale wurden an den Schluss gestellt, da persönliche Daten eher ungern preisgegeben werden (Treiblmaier, et al., 2005 S. 197). Die Hemmschwelle, solche Daten preiszugeben, ist jedoch geringer, wenn bereits ein Großteil des Fragebogens beantwortet wurde (Noelle-Neumann, et al., 2005 S. 120).

## 4.2 Erhebung der Daten

Die Daten wurden im Zeitraum vom 15. August 2010 bis zum 15. Oktober 2010 erhoben. Dabei wurden 200 Onlinespieler ($n = 200$) im Alter zwischen 10 und 36 Jahren online oder offline befragt. Zur Offlinebefragung wurde der Fragebogen auf einer DIN-A4-Seite im Querformat ausgedruckt und direkt an die Teilnehmer ausgegeben. Daneben wurde über ein Schneeballsystem die Offlineverteilung weiter intensiviert. Bei Problemen, z. B. bei Verständnisschwierigkeiten, konnten die Teilnehmer dem jeweiligen Verteiler entsprechende Fragen stellen. Für die Onlinebefragung wurde das Formular in ein Adobe PDF-Formular konvertiert, das auf ein WordPress-Blog hochgeladen wurde. Der Direktlink zum Adobe PDF wurde über das Blog, per E-Mail, über Foren sowie über soziale Netzwerke (StudiVZ, Facebook) veröffentlicht. Nach Beantwortung der Fragen durch einen Teilnehmer übermittelten diese den ausgefüllten Fragebogen an einen privaten E-Mail-Account. Daraufhin wurden die ausgefüllten Onlinefragebögen ausgedruckt und zu den ausgefüllten Offlinefragebögen geheftet. Abschließend ist jeder einzelne Fragebogen indexiert, codiert und in Microsoft Excel 2010 manuell eingepflegt worden. Die Auswertung fand mit Microsoft Excel 2010 sowie SPSS 15.0 statt.

# 5 Auswertung der empirischen Untersuchung

## 5.1 Beschreibung der Stichprobe

Insgesamt haben 200 Onlinespieler ($n = 200$) den Fragebogen komplett ausgefüllt. Davon waren 77 % männlich und 23 % weiblich. 16 % der Spieler haben zum Zeitpunkt der Erhebung monatliche Abogebühren für Onlinespiele ausgegeben und 24,5 % der Onlinespieler bereits Geld für virtuelle Güter. Das Alter lag zwischen 10 und 36 Jahren, die auf folgende Altersklassen verteilt wurden (Tabelle 4):

| Alter der Probanden | Verteilung auf $n = 200$ |
|---|---|
| 10–14 Jahre | 29,5 % |
| 15–18 Jahre | 28,5 % |
| 19–24 Jahre | 22,5 % |
| 25–36 Jahre | 19,5 % |

Tabelle 4: Alter der Probanden und deren Verteilung

Die Klasseneinteilung orientiert sich an der Alterseinteilung der deutschen Bevölkerung, die das Statistische Bundesamt Deutschland (Destatis, 2010) vornimmt. Die Altersklasse der 15- bis 24-Jährigen wurde weiter unterteilt in die Altersklassen 15–18 Jahre sowie 19–24 Jahre, da sich diese beiden Altersklassen in ihren Lebensumständen recht deutlich unterscheiden. Die Angehörigen der Gruppe 15–18 Jahre sind meist noch Schüler und die der Gruppe 19–24 Jahre sind entweder in Studium bzw. Ausbildung oder sind bereits erwerbstätig.

Im Mittel liegt das Alter bei $\mu = 18,6$ Jahren. Die Standardabweichung liegt bei $\sigma = 5,53$. Es ist anzumerken, dass insbesondere ein Großteil an älteren Befragten den Fragebogen mit der Begründung, sie „spielen gar keine Onlinespiele", zurückwies. Wie hoch der Anteil der zurückgewiesenen Fragebögen war, ist jedoch nicht erhoben worden.

## 5.2 Spieletypnutzung und Spielhäufigkeit

69,5 % der Onlinespieler spielen Browsergames, 39 % spielen MMOGs, 7,5 % nutzen virtuelle Welten. Sonstige Spiele, die nicht eindeutig den anderen drei Spieletypen zuzuordnen sind, werden zu 9,0 % genutzt. Dabei ist anzumerken, dass insgesamt nur 17,5 %[14] zwei bzw. drei unterschiedliche Spieletypen nutzen. Viele Onlinespieler sind somit auf einen Spieletyp fixiert. Eine genauere Verteilung zeigt das folgende Euler-Venn-Diagramm (Abbildung 8):

---

[14] Sonstiges wird nicht mit berücksichtigt.

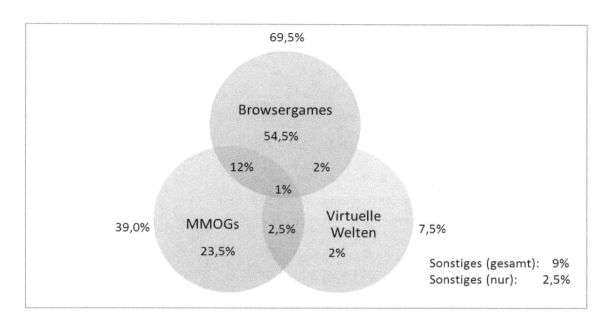

Abbildung 8: Prozentuale Verteilung der hauptsächlich von Onlinespielern gespielten Onlinespiele

Bei der Spielhäufigkeit lässt sich erkennen, dass diese relativ gleichmäßig auf die Items verteilt ist (Abbildung 9). Über 74 % aller Befragten spielen zumindest einmal in der Woche Onlinespiele.

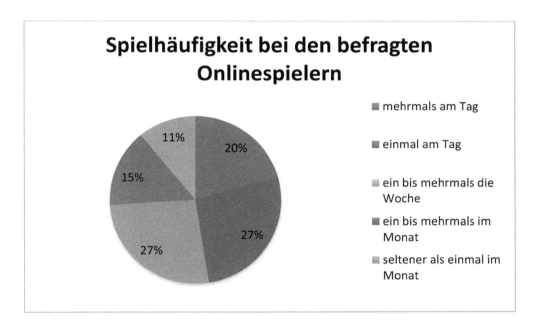

Abbildung 9: Spielhäufigkeit bei den befragten Onlinespielern

Wird die Spielhäufigkeit nach Spieletyp aufgeschlüsselt (Abbildung 10), so ist festzustellen, dass insbesondere MMOGs bezüglich der Spielhäufigkeit mit einem Anteil von 85,9 %[15] überdurchschnittlich gegenüber den virtuellen Welten und Browsergames ausgeprägt sind. MMOGs scheinen somit zeitintensiver zu sein als alle andere Onlinespieletypen.

---

[15] Addiert werden hier alle MMOG-Spieler, die mindestens einmal pro Woche Onlinespiele spielen.

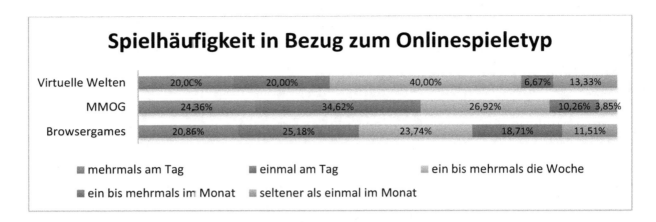

Abbildung 10: Spielhäufigkeit in Bezug zum Onlinespieltyp

## 5.3 Besondere Käufereigenschaften

### 5.3.1 Chi-Quadrat-Unabhängigkeitstest

Um untersuchen zu können, ob zwei statistische Merkmale voneinander unabhängig sind, kann der Chi-Quadrat-Unabhängigkeitstest ($\chi^2$-Unabhängigkeitstest) angewandt werden (Kähler, 2010 S. 104). Dabei ist für die Erhebung interessant, ob der Kauf von virtuellen Gütern abhängig ist vom Geschlecht, vom Alter, von der Spielhäufigkeit oder der vorhandenen Bereitschaft, Abogebühren zu bezahlen. Beim Chi-Quadrat-Unabhängigkeitstest gilt (Bleymüller, et al., 2008 S. 130-132):

$\chi^2 < \chi^2_{(\alpha;v)}$ => H$_0$: Die Merkmale sind voneinander unabhängig.

$\chi^2 \geq \chi^2_{(\alpha;v)}$ => H$_A$: Die Merkmale sind voneinander abhängig.

Das Signifikanzniveau wurde bei allen Unabhängigkeitstests bei $\alpha = 0.01$ festgelegt. Die Ergebnisse, die für Abonnementkunden sowie Käufer von virtuellen Gütern ermittelt wurden, sind im Folgenden dargestellt.

### 5.3.2 Abonnementkunden

Zwischen der Zahlung einer monatlichen Abogebühr und dem virtuellen Güterkauf besteht keine Abhängigkeit ($\chi^2 = 2,008; \chi^2_{(\alpha=0,01;v=1)} = 6,635$). Daher beeinflussen sich monatliche Abogebühren und der Kauf von virtuellen Gütern gegenseitig weder positiv noch negativ. Onlinespiele-Anbieter können somit ohne Nachteile die Erlösmodelle Verkauf virtueller Güter und Abonnement parallel anbieten. Einbußen aufgrund einer Substitution sind nicht zu erwarten.

Das Zahlen von Abogebühren für Onlinespiele ist vom Alter ($\chi^2 = 1,954$; $\chi^2_{(0,01;3)} = 11,345$) sowie vom Geschlecht ($\chi^2 = 1,160$; $\chi^2_{(0,01;1)} = 6,635$) unabhängig. Bei der Beziehung Abonnement und Spielhäufigkeit ist hingegen eine (geringe) Abhängigkeit ermittelt worden ($\chi^2 = 13,5409$; $\chi^2_{(0,01;4)} = 13,277$). Allerdings wies eine Merkmalskombination einen Erwartungswert von nur $E_{ij} = 4,8$ auf und ist somit kleiner als der nach Faustformel vorgeschriebene Erwartungswert $E_{ij} \geq 5,0$ (Janssen, et al., 2007 S. 266). Der statistische Chi-Quadrat-Wert ist so nicht gesichert. Bei kleinen Erwartungswerten wird dann in der Regel der Fisher-Test empfohlen. Da der exakte Fisher-Test jedoch nur auf 2×2-Matrizen angewandt werden kann, es sich hier jedoch um eine 5×2-Matrix handelt, müsste ein Fisher-Freeman-Halton-Test durchgeführt werden (Bortz, et al., 2008 S. 140). Wegen der hohen Rechenintensität dieses Tests und der geringen Abweichung des Faustformelerwartungswertes um 0,2 wird hier jedoch darauf verzichtet. Mithilfe einer linearen Regressionsanalyse ließ sich allerdings ebenfalls erkennen, dass jemand, der häufiger spielt, eher bereit ist, monatliche Abogebühren zu bezahlen, als jemand, der seltener spielt.

### 5.3.3 Käufer virtueller Güter

Der Kauf von virtuellen Gütern ist im Gegensatz zur Bereitschaft zum Zahlen von Abogebühren für Onlinespiele vom Geschlecht ($\chi^2 = 8,067$; $\chi^2_{(0,01;1)} = 6,635$) abhängig.

Wird allerdings die Menge der Käufer hinzugezogen (von denen 92 % männlich und nur 8 % weiblich [Abbildung 11] sind) und die monatlichen Ausgaben aller Käufer für virtuelle Güter geschlechterspezifisch aufgeschlüsselt (siehe Tabelle 5), liefern die gesammelten Informationen kombiniert bemerkenswerte Ergebnisse:

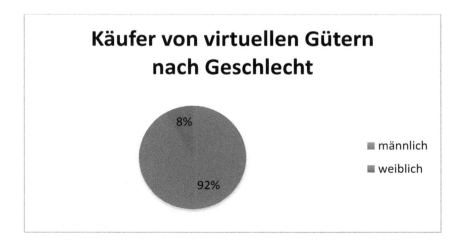

Abbildung 11: Käufer von virtuellen Gütern nach Geschlecht

| Geschlecht | Arithmetisches Mittel: $\mu$ | Median: $Me$ |
|---|---|---|
| **Männlich** | 5,15 €/Monat | 3,00 €/Monat |
| **Weiblich** | 15,63 €/Monat | 6,00 €/Monat |
| **Gesamt** | **6,00 €/Monat** | **3,00 €/Monat** |

Tabelle 5: Mittelwerte für monatliche Ausgaben in Bezug zum Geschlecht

Frauen kaufen seltener virtuelle Güter als Männer, aber wenn sie welche kaufen, geben sie mehr Geld als Männer für virtuelle Güter aus. Dies deckt sich mit Studienergebnissen von PlaySpan und VGMarket (PlaySpan and VGMarket, 2010 S. 1). Es ist allerdings anzumerken, dass in der Erhebung der gesamten Stichprobe ($n = 200$) nur vier weibliche Probanden Geld für virtuelle Güter ausgegeben haben und eine davon viel mehr (50 Euro/Monat) als alle anderen Käufer in der gesamten Stichprobe. Ob es sich um einen statistischen Ausreißer handelt oder nicht, lässt sich aufgrund der relativ kleinen Stichprobe ($n = 4$) jedoch nicht feststellen. Allerdings zeigt in Tabelle 4 neben dem arithmetischen Mittel auch der Median, der gegenüber Ausreißern als resistenter gilt (Rumsey, 2008 S. 371) (Kohn, 2004 S. 73), dass die Frauen gegenüber den Männern mehr für virtuelle Güter ausgeben. Diese Ergebnisse könnten ein Indikator dafür sein, dass Onlinespiele-Anbieter den potenziellen Käuferkreis der Frauen noch nicht ausgeschöpft haben. Sie machen zurzeit nur einen Anteil von 8 % als Käufer von virtuellen Gütern aus, scheinen allerdings generell nicht abgeneigt und geben, wenn sie virtuelle Güter kaufen, mehr Geld als Männer für virtuelle Güter aus. Es könnte sich somit lohnen, Onlinespiele zu entwickeln und virtuelle Güter zu produzieren, die den Bedürfnissen der Frauen gerecht werden. Es könnten dadurch eventuell weitere Erlöse generiert werden, indem mehr Frauen zum Spielen und somit zum Kaufen von virtuellen Gütern bewegt werden.

Zwischen dem Kauf von virtuellen Gütern und der Spielhäufigkeit zeigte sich ebenfalls eine hohe Abhängigkeit ($\chi^2 = 19,169; \chi^2_{(0,01;4)} = 13,277$). Abbildung 12, welche Käufer und Nicht-Käufer in Bezug zur Spielhäufigkeit darstellt, verdeutlicht den Zusammenhang.

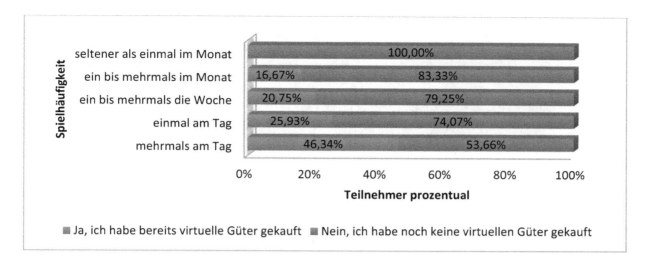

Abbildung 12: Prozentualer Anteil von Käufern und Nicht-Käufern in Bezug zur Spielhäufigkeit

Je häufiger jemand Zeit mit Onlinespielen verbringt, desto eher ist dieser bereit, Geld für virtuelle Güter auszugeben. Onlinespiele-Anbieter sollten somit versuchen, ihren Content so zu gestalten, sodass dieser möglichst häufig und intensiv gespielt werden kann, um den Onlinespielern Anreize für eine Langzeitmotivation zu vermitteln (Grünbichler, 2008 S. 52). Als Folge hieraus sollte der Onlinespiele-Anbieter eine hohe Interaktionsmöglichkeit innerhalb der Spielewelt zulassen und die Ziele hoch, aber erreichbar gestalten. Langzeitmotivation könnte auch durch eine fortlaufende Erweiterung des Spielecontents erreicht werden, sodass die Spieler immer wieder etwas Neues in der Spielewelt entdecken können.

Das Alter ist hingegen von der Bereitschaft, virtuelle Güter zu kaufen, nach Chi-Quadrat-Unabhängigkeitstest unabhängig ($\chi^2 = 9{,}137$; $\chi^2_{(0{,}01;3)} = 11{,}345$), auch wenn diese Unabhängigkeit schwach ausgeprägt ist. Wenn das Signifikanzniveau $\alpha$ hingegen auf $\alpha = 0.05$ gesetzt wird, sind beide Merkmale auf einmal abhängig ($\chi^2 = 9{,}137$; $\chi^2_{(0{,}05;3)} = 7{,}815$). Das zeigt, wie schwierig es ist, eine korrekte Aussage zur Abhängigkeit/Unabhängigkeit des Merkmals zum virtuellen Güterkauf zu treffen.

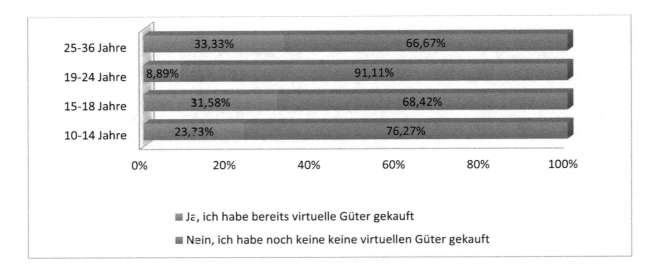

In Abbildung 13 wird ersichtlich, dass der größte Käuferanteil für virtuelle Güter in der Gruppe der 15- bis 18-Jährigen sowie der Gruppe 25- bis 36-Jährigen liegt. Weiterhin erkennt man, dass insbesondere die unter 19-Jährigen schon erste Erfahrungen mit dem Kauf von virtuellen Gütern gemacht haben. Daraus könnte sich ein verstärkter Nachfragesog für virtuelle Güter in den nächsten Jahren entwickeln. Eine genaue Aufschlüsselung der monatlich im Mittel getätigten Ausgaben für virtuelle Güter nach Altersstruktur (Tabelle 6) liefert in dieser Hinsicht ebenfalls bemerkenswerte Ergebnisse.

| Alter in Jahren | Arithmetisches Mittel: $\mu$ | Median: $Me$ |
|---|---|---|
| **10–14 Jahre** | 5,41 €/Monat | 2,70 €/Monat |
| **15–18 Jahre** | 8,79 €/Monat | 5,00 €/Monat |
| **19–24 Jahre** | 4,75 €/Monat | 4,00 €/Monat |
| **25–36 Jahre** | 3,15 €/Monat | 2,00 €/Monat |
| **Gesamt** | **6,00 €/Monat** | **3,00 €/Monat** |

Tabelle 6: Monatlich im Mittel getätigte Ausgaben für virtuelle Güter nach Altersgruppen

Die 15- bis 18-Jährigen geben nach $\mu$ und $Me$ unter allen untersuchten Altersgruppen am meisten Geld für virtuelle Güter aus. Diese Altersgruppe kauft somit nicht nur am häufigsten virtuelle Güter, sie zahlt auch am meisten dafür. Unklar ist, warum gerade die 19- bis 24-Jährigen den geringsten Käuferanteil haben, aber auch, warum bei den 19- bis 36-Jährigen die Bereitschaft, Geld für virtuelle Güter auszugeben, nicht so stark ausgeprägt ist und sogar mit den Jahren weiter abnimmt. Man könnte vermuten, dass dafür externe Faktoren verantwortlich sind, da in dieser Altersgruppe zahlreiche Umbrüche in den Lebenssituationen auftreten. Studium, ein neuer Job, Familienplanung, häufige Wohnungswechsel – dies alles kostet Zeit und Geld, da könnte der Konsum von virtuellen Gütern in den Hintergrund treten. Hier werden weitere empirische Untersuchungen für notwendig gehalten.

## 5.4 Motive für den Kauf virtueller Güter

### 5.4.1 Kenngrößen der Kaufmotive

Hauptziel dieser Diplomarbeit ist es, die Kaufmotive der Nachfrager von virtuellen Gütern zu ermitteln. Um dies zu erreichen, wurden folgende Kenngrößen für die Kaufmotive ermittelt (Tabelle 7):

| Warum haben Sie echtes Geld für virtuelle Güter in Online-spielen ausgegeben? | Kaufmotiv | $\mu$ | $Me$ | $\sigma$ | Schiefe: $v(X)$ |
|---|---|---|---|---|---|
| „weil ich schneller im Spiel vorankommen wollte" | Zeitersparnismotiv | 2,4468 | 2 | 1,52954 | 0,638 |
| „weil ich neugierig war" | Neugiermotiv | 3,5652 | 4 | 1,52974 | −0,421 |
| „weil ich stärker sein wollte als meine Gegner" | Machtmotiv | 2,9348 | 3 | 1,58328 | 0,112 |
| „weil andere Leute es auch gekauft haben" | Nachahmungstrieb | 3,9091 | 4,5 | 1,32627 | −0,891 |
| „weil ich das gekaufte virtuelle Gut reizvoll/schön fand" | Abwechslungsmotiv | 3,4681 | 4 | 1,53015 | −0,317 |
| „weil ein Teil des Geldes sozialen Einrichtungen gespendet wurde" | Sozialmotiv | 4,5227 | 5 | 1,15111 | −2,214 |
| „weil ein Teil des Geldes in ökologische Projekte ging" | Ökologiemotiv | 4,8810 | 5 | 0,5501 | −4,693 |
| „weil ich es wieder (für echtes Geld) verkaufen konnte" | Gewinnmotiv | 3,9574 | 5 | 1,60106 | −1,023 |
| „weil ich etwas haben wollte, was andere nicht haben" | Geltungsmotiv | 3,6809 | 5 | 1,54788 | −0,649 |
| „weil es bequemer ist" | Bequemlichkeitsmotiv | 3,2553 | 3 | 1,6080 | −0,174 |

Tabelle 7: Statistische Kennwerte für die Kaufmotive

Das Sozialmotiv, das Ökologiemotiv sowie das Gewinnmotiv wurden nach Medianen sowie arithmetischen Mitteln eher von den Teilnehmern abgelehnt, während beim Zeitersparnismotiv sowie beim Machtmotiv hingegen eine starke Zustimmung ermittelt wurde. Allen anderen überprüften Motiven wurde im Mittel „teilweise" bis „kaum zugestimmt". Allerdings trat bei fast allen Kaufmotiven eine hohe Standardabweichung auf, das heißt, die Teilnehmer haben die Items recht unterschiedlich beantwortet. Die meisten Kaufmotive weisen keine Normalverteilung auf. Das einzige Motiv, welches als normalverteilt angesehen werden kann, ist das Machtmotiv ($v(X) = 0,112 \approx 0$). Die meisten Motive wiesen eine linksschiefe Verteilung ($v(X) < 0$) auf, was darauf hindeutet, dass die Antworten vom Mittelwert eine eher weitere Ablehnung erfahren haben. Das Zeitersparnismotiv wies als einziges Motiv eine rechtsschiefe Verteilung ($v(X) > 0$) auf. Des Weiteren weisen das Ökologiemotiv und das Sozialmotiv beide eine sehr stark linksschiefe Verteilung auf, sodass die Antworten in Bezug zum Mittelwert eine noch stärkere Abweichung erfahren haben, als alle anderen Motive. Anhand dieser Kennwerte kann man erste Tendenzen erkennen, eine vertiefende Analyse ist jedoch so nicht möglich.

Die Items sind für eine datenreduzierende Faktorenanalyse nicht geeignet, da die Stichprobe der Käufer ($n = 49$) zu klein ist (Bühner, 2004 S. 157). Trotzdem wurde testweise eine Korrelationsmatrix (siehe Anlage B: Tabelle 12) aufgestellt, um zu erfahren, ob die Werte stark miteinander korrelieren. Als Ergebnis wiesen insgesamt nur zwei Merkmalskombinationen (das Macht- und das Zeitersparnismotiv sowie das Bequemlichkeits- und das Abwechslungsmotiv) eine mittlere Korrelation zwischen $-0{,}6 < r < -0{,}4 \vee 0{,}6 > r > 0{,}4$ auf. Somit sind die meisten Kaufmotive im Großen und Ganzen unabhängig voneinander. Bemerkenswert ist dabei, dass selbst das Ökologiemotiv und das Sozialmotiv bei Onlinespielern nur schwach miteinander korrelieren. Dies war so nicht zu erwarten.

Schlüsselt man die einzelnen Kaufmotive weiter auf, wie sich der Grad der Zustimmung (der Items) prozentual verteilt (Abbildung 14), spielen wiederum das Zeitersparnismotiv und das Machtmotiv die größten Rollen beim Kauf von virtuellen Gütern. Aber auch dem Bequemlichkeitsmotiv, dem Abwechslungsmotiv sowie dem Geltungsmotiv wurde von circa jedem zweiten[16] Käufer *teilweise* bis *voll* zugestimmt. Alle anderen Motive spielen kaum (Neugiermotiv, Nachahmungstrieb, Gewinnmotiv) bis gar keine Rolle (Sozialmotiv, Ökologiemotiv).

---

[16] Abwechslungsmotiv: 13 % + 21 % + 15 % = 48 %, Geltungsmotiv: 15 % + 11 % + 17 % = 43 %, Bequemlichkeitsmotiv: 21 % + 15 % + 19 % = 55 %.

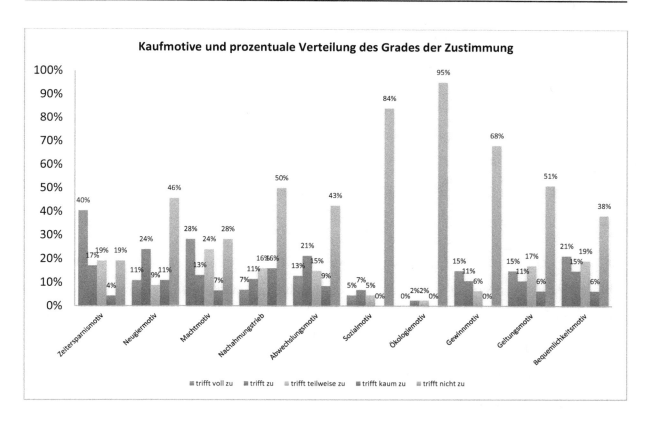

Abbildung 14: Kaufmotive und prozentuale Verteilung des Grades der Zustimmung

Als Ergebnis lässt sich sagen, dass Onlinespiele-Anbieter zum einen den Wettbewerb zwischen den Spielern in den angebotenen Onlinespielen weiter stärken und gleichzeitig virtuelle Güter zum Kauf anbieten sollten, die einem Spieler Wettbewerbsvorteile gegenüber seinem Gegner versprechen (Stärkung des Machtmotivs).

Zum anderen sollten Onlinespiele-Anbieter ihren Spiele-Content so gestalten, dass ein Spieler sich überlegen muss, ob sich das zeitintensive Freispielen des virtuellen Gegenstandes gegenüber einem schnellen Echtgeldkauf lohnt. Seltene, im Spiel auch freispielbare virtuelle Güter müssen dem Spieler einen erheblichen (aber nicht unerreichbaren) Zeitnachteil gegenüber dem Echtgeldkauf vermitteln. Das Motto „Zeit ist Geld" gilt somit auch in einer Onlinespielewelt. Die Onlinespieler können sich mit Geld Zeit erkaufen (Stärkung des Zeitersparnismotivs).

### 5.4.2  Clusteranalyse der Käufer

#### 5.4.2.1  Überblick

Wurden im vorangegangenen Kapitel die Kaufmotive erst einzeln betrachtet, sollen jetzt alle Kaufmotive mithilfe eine⁻ multivariaten Clusteranalyse ausgewertet werden. In aller Regel sind Nachfrager in Bezug auf ihr Kaufverhalten nicht homogen (Büschken, et al., 1999 S. 339). Dabei soll die Clusteranalyse zeigen, ob es unterschiedliche Käufertypen von virtuellen Gütern gibt und wenn ja, inwiefern sich die Gruppen voneinander unterscheiden.

Vor der Durchführung der Clusteranalyse wurden zehn Teilnehmer von der Analyse ausgeschlossen. Diese haben e n oder mehrere Kaufmotive mit *Weiß nicht* bewertet und würden als Ausreißer die Clusteranalyse zu stark beeinflussen. Es könnte im Ergebnis zu Verzerrungen kommen und das Erkennen von Zusammenhängen erschweren (Backhaus, et al., 2008 S. 443). Zudem verbieten es die Clusteringalgorithmen von SPSS 15.0 ohnehin. Die Menge, die sich für das Clusteringverfahren eignet, beträgt $n = 39$.

Als Erstes wurde eine hierarchische Clusteranalyse vorgenommen. Sie wurde mithilfe von SPSS 15.0 durchgeführt. Dabei wurde als Clustermethode die Ward-Methode angewandt, da sie „gleichzeitig sehr gute Partitionen findet und meistens die richtige Clusterzahl signalisiert" (Bergs, 1981 S. 97). Als Distanzmaß wurde der quadratische euklidische Abstand gewählt, da er für das Ward-Verfahren empfohlen wird (Bühl, 2008 S. 563). Die Ergebnisse der hierarchischen Clusteranalyse sind in Anlage C dargestellt. Das Elbow-Kriterium (siehe Anlage C, Tabelle 14) liefert aufgrund eines fehlenden „Elbows", keine zufriedenstellende Aussage zur Menge der Cluster. Das Dendrogramm hingegen (Anlage C, Abbildung 18) liefert je nach Sprungstellen eine Lösung für zwei, drei oder vier Cluster. Mithilfe dieser drei Clustermöglichkeiten wurde nun ein partitionierendes Verfahren angewandt. Der Vorteil bei partitionierenden Verfahren liegt darin, dass sie gegenüber den hierarchischen Verfahren variabler sind (Backhaus, et al., 2008 S. 414). Der größte Nachteil, die Startpartition subjektiv zu vergeben, wird dadurch geheilt, dass die drei ermittelten Clustermöglichkeiten des hierarchischen agglomerativen Verfahrens auf das partitionierende Verfahren übertragen werden. Nach genauerer Betrachtung aller Ergebnisse der Clusterzentrenanalyse wurde eine Entscheidung für das Vierer-Cluster getroffen. Folgende Cluster wurden dabei ermittelt (Tabelle 8):

| | Cluster | | | |
|---|---|---|---|---|
| | Der Geltungsbedürftige | Der Zeitsparer | Der Tester | Der Machthungrige |
| **Zeitersparnismotiv** | 2,71 | 1,38 | 4,78 | 1,70 |
| **Neugier** | 3,43 | 2,77 | 3,78 | 4,20 |
| **Machtmotiv** | 2,00 | 2,77 | 4,78 | 2,10 |
| **Nachahmungstrieb** | 3,86 | 3,77 | 4,22 | 4,10 |
| **Abwechslungsmotiv** | 3,29 | 2,00 | 3,78 | 4,90 |
| **Sozialmotiv** | 4,14 | 5,00 | 4,33 | 4,70 |
| **Ökologiemotiv** | 4,71 | 5,00 | 4,67 | 5,00 |
| **Gewinnmotiv** | 2,29 | 5,00 | 3,89 | 4,10 |
| **Geltungsmotiv** | 2,14 | 3,85 | 4,44 | 4,10 |
| **Bequemlichkeitsmotiv** | 1,71 | 2,08 | 4,56 | 4,50 |

Tabelle 8: Clusterzentren der Kaufmotive

Eine detaillierte Auswertung der vier Käufertypen bezüglich Geschlecht, Alter, Spielhäufigkeit und Spieletyp kann in Anlage C, Tabelle 15 eingesehen werden. Tabelle 8 schlüsselt die Clusterzentren der einzelnen Käufertypen nach jeweiliger Ausprägung ihrer Motive noch einmal genau auf. Im Folgenden sollen die einzelnen Käufertypen kurz vorgestellt und weiter interpretiert werden.

### 5.4.2.2 Der Geltungsbedürftige

Der Geltungsbedürftige ist meist zwischen 10 und 18 Jahre alt, spielt größtenteils einmal am Tag Onlinespiele und gibt durchschnittlich 4,71 Euro pro Monat für virtuelle Güter aus. Er gibt bei einem Kauf von virtuellen Gütern bei einer Reihe von Kaufmotiven eine hohe Zustimmung an. Bequemlichkeit, Macht, Geltung und Gewinn sind beim Geltungsbedürftigen von einer hohen Zustimmung geprägt. Den Motiven Zeitersparnis, Neugier, Nachahmungstrieb und Abwechslungsmotiv stimmt er hingegen nur teilweise zu. Eher ablehnend steht er dem Ökologie- und dem Sozialmotiv gegenüber.

Diese Ergebnisse lassen die Interpretation zu, dass es dem Geltungsbedürftigen wichtig ist, durch einen virtuellen Güterkauf möglichst ohne hohen Spielaufwand seinem Avatar mehr Geltung und Macht gegenüber seinen Mitspielern zu verschaffen. Das gekaufte virtuelle Gut sollte nach seiner Auffassung Anerkennung und Macht bei seinen Mitspielern stiften. Weiterhin scheint er es gern zu sehen, wenn sich durch einen virtuellen Güterkauf auch noch Zeit einsparen lässt oder sich das gekaufte Gut wieder veräußern ließe. Circa 17,95 % lassen sich diesem Käufertyp zuordnen.

### 5.4.2.3 Der Zeitsparer

Der Zeitsparer kommt in jeder Altersklasse vor, spielt meist einmal am Tag Onlinespiele und gibt von allen Käufertypen am wenigsten Geld für virtuelle Güter aus. Zeitersparnis, Abwechslung und Bequemlichkeit sind die Kaufmotive, bei denen der Zeitsparer die höchste Zustimmung aufweist. Den Motiven Neugier, Macht, Nachahmung und Geltung stimmt der Zeitsparer nur teilweise zu. Ablehnend steht er dem Ökologiemotiv und dem Sozialmotiv gegenüber.

Die hohe Zustimmung beim Zeitersparnismotiv könnte ein Indiz dafür sein, dass der Zeitsparer die virtuellen Güter bevorzugt, die ihm am meisten Zeitersparnis im Spiel versprechen. Er scheint Zeit als knappes Gut anzusehen. Wenn man die hohe Zustimmung beim Bequemlichkeitsmotiv mit betrachtet, könnte es sein, dass er bei einem Kauf möglichst bequem Spielzeit einzusparen versucht, anstatt sie durch im Spiel ständig zu wiederholende monotone Aufgaben zu verschwenden (z. B. durch Grinden[17]). Die ebenfalls hohe Zustimmung beim Abwechslungsmotiv könnte ein Indiz dafür sein, dass sich der Zeitsparer durch den virtuellen Güterkauf Abwechslung vom regulären Spielbetrieb verspricht. Es scheint für ihn bequemer zu sein, etwas mit Geld zu kaufen, als es langwierig zu erspielen. Auch scheint ihn eine gewisse Neugier dazu zu treiben, virtuelle Güter käuflich zu erwerben. Dieser Käufertyp stellt mit circa einem Drittel aller Käufer gleichzeitig die größte Gruppe dar.

### 5.4.2.4 Der Tester

Der Tester kommt in jeder Altersklasse vor, spielt zwischen mehrmals am Tag und ein- bis mehrmals im Monat Onlinespiele und gibt durchschnittlich 5,17 Euro pro Monat für virtuelle Güter in Onlinespielen aus. Er gibt bei keinem Kaufmotiv eine hohe Zustimmung an. Dem Neugier- und dem Abwechslungsmotiv stimmt er teilweise zu. Dafür lehnt er fast alle anderen Kaufmotive ab.

Er scheint der Käufertyp zu sein, der selbst nicht genau weiß, warum er virtuelle Güter erwirbt. Er kauft teils aus Neugier, teils auch aus Abwechslung heraus, hat aber keine weiteren Motive. Man könnte spekulieren, dass der Tester der Onlinespielertyp ist, der erst vor Kurzem ersten Kontakt mit gekauften virtuellen Gütern hatte und für den sich die weiteren Motive erst durch die Nutzbarmachung des erworbenen virtuellen Gutes entwickeln. Dement-

---

[17] Grind (englisch für schleifen, mahlen, zerreiben) bzw. grinden: regelmäßige, sich ständig wiederholende Spielabläufe, die notwendig sind, um ein bestimmtes Ziel im Spiel zu erreichen (Fox Interactive Media Germany GmbH, 2007 S. 8).

sprechend würde er bei einer späteren empirischen Untersuchung einem der anderen drei Käufertypen zuzuordnen sein. Es kann allerdings auch sein, dass der Käufertyp Tester ein weiteres, noch nicht bekanntes Kaufmotiv hat oder nur einmalig ein virtuelles Gut erworben hat und danach nie wieder kauft. Weitere empirische Untersuchungen werden in dieser Hinsicht als nötig erachtet. Circa 23,08 % aller Käufer lassen sich diesem Käufertyp zuordnen.

### 5.4.2.5 *Der Machthungrige*

Der Machthungrige ist meist zwischen 15 und 18 Jahre alt, spielt größtenteils mehrmals am Tag Onlinespiele und gibt von allen Käufertypen am meisten Geld (9,98 Euro pro Monat) für virtuelle Güter aus. Es sind bei ihm nur zwei Motive mit einer hohen Zustimmung ermittelt worden. Die Motive sind das Zeitersparnismotiv und das Machtmotiv. Allen anderen Motiven steht er eher ablehnend gegenüber.

Vermutlich sieht der Machthungrige im virtuellen Güterkauf hauptsächlich zwei Vorteile. Ihm scheint viel an virtuellen Gütern zu liegen, die der Zeitersparnis und der Machtdemonstration innerhalb der Spielewelt dienen. Vor allem beim Motiv Zeitersparnis, die er sich durch einen virtuellen Güterkauf allem Anschein nach erhofft, steht er dem Käufertyp Zeitsparer kaum nach; und das, obwohl 60,00 % aller dominanten Zeitsparer bereits mehrmals am Tag Onlinespiele spielen. Es ließe sich diesbezüglich spekulieren, dass es sich bei einem Teil der Vertreter dieses Käufertyps um Onlinespielsüchtige handelt. Es passt bei einem Teil der Vertreter dieses Käufertyps einfach nicht zusammen, dass er eine hohe Zustimmung beim Zeitersparnismotiv angibt, dafür mehr Geld als andere Käufertypen ausgibt und gleichzeitig mehrmals am Tag Onlinespiele spielt. Er will offenbar mehr erreichen als andere Spieler, und das in kürzester Zeit bei maximalem Spielzeitinput. Circa 25,64 % aller Käufer lassen sich diesem Käufertyp zuordnen.

## 5.5 Motive des nicht getätigten Kaufs virtueller Güter

### 5.5.1 Kenngrößen des nicht getätigten virtuellen Güterkaufes

Neben der Frage, warum Onlinespieler virtuelle Güter kaufen, stellt sich auch die Frage, warum ein großer Teil der Onlinespieler nicht bereit ist, virtuelle Güter mit Geld zu erwerben. So haben immerhin 75,5 % von allen Befragten noch keine virtuellen Güter gekauft. Die Gründe dafür sollen in diesem Kapitel analysiert und Handlungsalternativen für Onlinespiele-Anbieter aufgezeigt werden. Wenn man als Onlinespiele-Anbieter weiß, welche Hemmnisse dem Kauf eines virtuellen Gutes entgegenstehen und diese beseitigt, könnten weitere Erlöse durch einen vergrößerter Käuferkreis erschlossen werden. Dazu wurde den Nicht-Käufern von virtuellen Gütern ($n = 151$) die Frage gestellt: *„Warum haben Sie noch kein echtes Geld für virtuelle Güter in Onlinespielen ausgegeben?"*

Folgende Kenngrößen wurden für die Gründe, virtuelle Güter nicht zu kaufen, ermittelt (Tabelle 9):

| Warum haben Sie noch kein echtes Geld für virtuelle Güter in Onlinespielen ausgegeben? | $\mu$ | $Me$ | $\sigma$ | Schiefe: $v(X)$ |
|---|---|---|---|---|
| 1. „weil ich generell kein Geld über das Internet ausgebe" | 3,3020 | 3 | 1,57988 | −0,239 |
| 2. „weil ich Angst um meine persönlichen Daten habe" | 3,2838 | 4 | 1,36047 | −0,381 |
| 3. „weil ich es für Geldverschwendung halte" | 1,5608 | 1 | 1,00493 | 1,951 |
| 4. „weil ich finde, dass es genug kostenlose Onlinespielalternativen gibt" | 1,8732 | 1 | 1,26524 | 1,478 |
| 5. „weil ich auch so schnell genug an mein Ziel komme" | 2,3008 | 2 | 1,34832 | 0,847 |
| 6. „weil sich die Gelegenheit noch nicht ergab" | 4,3357 | 5 | 1,30516 | −1,802 |
| 7. „weil es mir noch nicht aufgefallen ist, dass man virtuelle Güter auch kaufen kann" | 4,7466 | 5 | 0,79491 | −3,438 |
| 8. „weil man das virtuelle Gut nicht wieder verkaufen kann" | 3,8810 | 5 | 1,48920 | −0,856 |
| 9. „weil ich Angst davor habe, davon spielsüchtig zu werden" | 4,3732 | 5 | 1,17062 | −1,788 |

Tabelle 9: Statistische Kenngrößen für die Gründe, virtuelle Güter nicht zu kaufen

Die Items *„weil ich es für Geldverschwendung halte"* und *„weil ich finde, dass es genug kostenlose Onlinespielalternativen gibt"* fanden überwiegend Zustimmung, bei einer relativ geringen Standardabweichung. Die Items *„weil sich die Gelegenheit noch nicht ergab"*, *„weil es mir noch nicht aufgefallen ist, dass man virtuelle Güter auch kaufen kann"* und *„weil ich Angst davor habe, davon spielsüchtig zu werden"* sind hingegen überwiegend von den Teilnehmern abgelehnt worden. Allen anderen Items wurden mit *„trifft kaum zu"* bis *„trifft zu"* bewertet. Die Antworten zu den Gründen, nicht online zu kaufen, lassen sich weiter differenzieren (Abbildung 15).

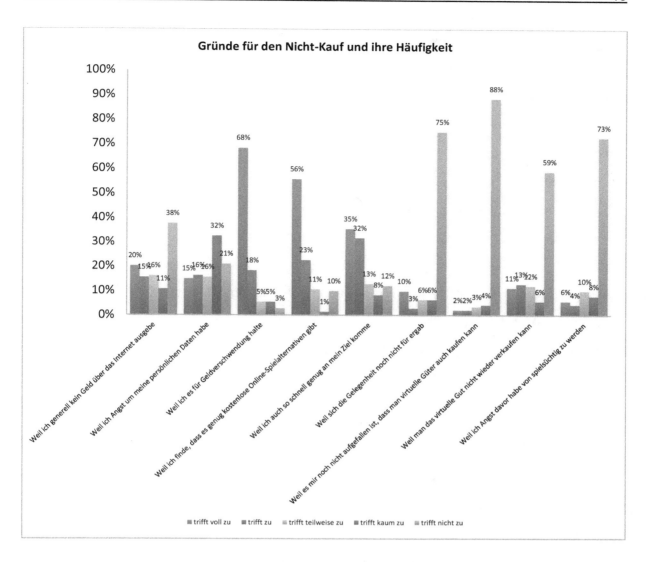

Abbildung 15: Gründe für den Nicht-Kauf und ihre Häufigkeit

Über 88 % haben auf die Frage, ob es ihnen noch nicht aufgefallen sei, dass man virtuelle Güter auch kaufen kann, mit „trifft nicht zu" geantwortet und nur 2 % mit „trifft voll zu". Virtuelle Güter haben bei den Onlinespielern somit kein Bekanntheitsproblem. Allerdings haben virtuelle Güter bei den Nicht-Käufern ein Akzeptanzproblem. Über 68 % („trifft voll zu") halten den Kauf von virtuellen Gütern für Geldverschwendung. Zählt man noch die Teilnehmer dazu, die mit „trifft zu" geantwortet haben, liegt der Wert bereits bei 86 %. Onlinespiele-Anbieter werden es somit sehr schwer haben, den Kreis der Nicht-Käufer in naher Zukunft als Käuferkreis zu erschließen. Sie müssen zuerst das Akzeptanzproblem lösen. Ein typisches Akzeptanzproblem taucht meist dann auf, wenn es sich um eine Innovation handelt (Bauer, et al., 2004 S. 53). Die Wertschöpfung aus virtuellen Gütern kann als solch eine Innovation angesehen werden (Frieling, 2010 S. 71).

Offen ist jedoch, warum so viele Nicht-Käufer den Kauf von virtuellen Gütern als Geldverschwendung ansehen. Nach Tabelle 9 und Abbildung 15 zu urteilen könnte dies an dem großen Angebot an kostenlosen Spielalternativen (*„weil ich finde, dass es genug kostenlose Onlinespielalternativen gibt"*), einem nicht stark ausgeprägten Zeitersparnismotiv (*„weil ich auch so schnell genug an mein Ziel komme"*), der nicht vorhandenen Bereitschaft, Geld über das Internet auszugeben (*„weil ich generell kein Geld über das Internet ausgebe"*), Datenschutzproblemen (*„weil ich Angst um meine persönlichen Daten habe"*) sowie einer nicht vorhandenen Wiederverkaufsmöglichkeit (*„weil man das virtuelle Gut nicht wieder verkaufen kann"*) liegen. Die meisten diese Faktoren sind externer Natur und liegen nicht im Einflussbereich des Onlinespiele-Anbieters. Das große Angebot an kostenlosen Spielalternativen, die nicht vorhandene Bereitschaft, Geld im Internet auszugeben, und grundsätzliche Ängste beim Datenschutz vermag dieser kaum zu beeinflussen. Das Zeitersparnismotiv zu verstärken, indem man den Zeitaufwand für das Freispielen von virtuellen Gütern erhöht, ist zwar denkbar, jedoch ist fraglich, ob die Onlinespieler das angebotene Spiel dann noch weiter nutzen werden. Dies ist vom Onlinespiele-Anbieter zumindest zu testen.

Der Faktor, den der Onlinespiele-Anbieter am ehesten verändern kann, bleibt die Handelbarkeit der von ihm angebotenen virtuellen Güter. Wenn die virtuellen Güter wieder verkaufbar werden, könnte damit ebenfalls das oben angesprochene Akzeptanzproblem bei virtuellen Gütern positiv beeinflusst werden. Die nicht vorhandene Verkaufsmöglichkeit hält zumindest jeden vierten Onlinespieler davon ab, virtuelle Güter zu erwerben. Öffnet der Onlinespiele-Anbieter jedoch seinen virtuellen Gütermarkt für Dritte, geht dies nur auf Kosten seines in Kapitel 3.1 beschriebenen Angebotsmonopols. Er steckt somit in einem Dilemma. Entweder er erhöht die Akzeptanz mithilfe eines freien virtuellen Gütermarktes und auf Kosten seiner monopolistischen Marktmacht oder er hat weiterhin mit einem hohen Akzeptanzproblem für die von ihm angebotenen virtuellen Güter zu kämpfen. Eine Idee, wie das Dilemma des Akzeptanzproblems gelöst werden könnte, wird in Kapitel 5.7 vorgestellt.

## 5.5.2 Faktorenanalytische Eignungsprüfung

Es stellt sich die Frage, ob die Items geeignet sind, eine datenreduzierende explorative Faktorenanalyse durchzuführen. Als erste Voraussetzung sollte überprüft werden, ob sich die Stichprobe überhaupt für eine Faktorenanalyse eignet. Nach Bühner gilt eine Stichprobe $100 \leq n < 200$ als ausreichend (Bühner, 2004 S. 157). Da die Menge der Nicht-Käufer $n = 151$ beträgt, gilt die Stichprobengröße für eine Faktorenanalyse als ausreichend.

Als zweite Voraussetzung nach Backhaus et al. sollte eine Korrelationsanalyse durchgeführt werden, um zu erkennen, ob Abhängigkeiten zwischen den Items bestehen (Backhaus, et al., 2008 S. 333). Das Ergebnis der Korrelationsmatrix kann in Anlage B, Tabelle 13 eingesehen werden. Die meisten Merkmalskombinationen korrelieren sehr schwach miteinander und nur eine Merkmalskombination korreliert mittelmäßig. Somit sind die Merkmale im Wesentlichen unabhängig voneinander. Eine Principal Component Analysis (PCA) ist nicht nötig.

## 5.5.3 Clusteranalyse der Nicht-Käufer

Bei der Durchführung der Clusteranalyse wurden 45 Teilnehmer von der Analyse ausgeschlossen. Alle haben ein oder mehrere Items der Frage 7 mit *Weiß nicht* bewertet und würden als Ausreißer die Clusteranalyse zu stark beeinflussen. Das könnte wie bei Kapitel 5.4.2 im Ergebnis zu Verzerrungen führen und das Erkennen von Zusammenhängen erschweren (Backhaus, et al., 2008 S. 443). Die Menge für das Cluster beträgt $n = 106$.

Begonnen wurde wiederum mit einer hierarchischen Clusteranalyse, welche mithilfe von SPSS 15.0 durchgeführt wurde. Dabei wurde als Cluster-Methode die Ward-Methode angewandt. Im Ergebnis lieferten allerdings weder das Dendrogramm noch das Elbow-Kriterium zufriedenstellende Cluster. Bei Durchführung der Clusterzentrenanalyse wurde hingegen erkennbar, dass die Menge der Nicht-Käufer relativ homogen zu sein scheint. Unter anderem entstand kein Clustererfolg, da die meisten den Kauf von virtuellen Gütern als Geldverschwendung ansehen. Es gibt somit nur ein Cluster, das alle Nicht-Käufer umfasst. Dieses relativ homogene Cluster sind die sogenannten „Nicht-Käufer".

Tabelle 16 in Anlage D schlüsselt die Nicht-Käufer nach Geschlecht, Alter und Spielhäufigkeit prozentual auf. Der Nicht-Käufer kommt in jedem Alter vor, spielt meist zwischen *„einmal am Tag"* und *„ein- bis mehrmals die Woche"* Onlinespiele und spielt eher Browsergames als MMOGs.

Der Markt für virtuelle Güter ist dem Nicht-Käufer bekannt. Er weiß, dass man virtuelle Güter kaufen kann, hätte auch schon häufiger Kaufmöglichkeiten gehabt, ist aber nicht bereit, Geld dafür auszugeben. Er findet, dass man auch so schnell genug an sein Spielziel kommt und die hohe Zustimmung zum Item *„weil ich finde, dass es genug kostenlose Onlinespielalternativen gibt"*, könnte darauf hindeuten, dass der Nicht-Käufer eher ein Onlinespiel durch ein anderes Onlinespiel substituieren würden, als sich zwingen zu lassen, virtuelle Güter mit Echtgeld zu erwerben. Faktoren wie die Angst vor Spielsucht, Datenschutzproblemen oder die Angst davor, überhaupt Geld im Internet auszugeben, sind hingegen nebensächlich. Der Konflikt, viele virtuelle Güter nicht wieder verkaufen zu können, hält fast jeden vierten Nicht-Käufer zusätzlich von einem virtuellen Güterkauf ab (11,11 % beantworteten das Item *„weil man das virtuelle Gut nicht wieder verkaufen kann"* mit *„trifft voll zu"* und 12,70 % mit *„trifft zu"*). Hinzu kommt das in Kapitel 5.5.1 bereits ausführlich beschriebene Akzeptanzproblem.

## 5.6   Kaufbereitschaft unter veränderten Bedingungen

Um Aussagen zur Kaufbereitschaft zu erhalten, ist sowohl den Käufern wie den Nicht-Käufern von virtuellen Gütern die Frage gestellt worden, ob sie bereit wären, Geld/mehr Geld für Onlinegüter auszugeben, wenn eine oder mehrere Bedingungen des virtuellen Güterkaufes sich ändern würden. Dabei sollte überprüft werden, ob Onlinespiele-Anbieter bei ihrem Angebot virtueller Güter bestimmte Faktoren ändern könnten, um die Kaufbereitschaft bei den Onlinespielern weiter zu erhöhen und dadurch weitere Erlöse zu generieren. Dazu wurden wiederum die Käufer ($n = 49$) von den Nicht-Käufern ($n = 151$) getrennt untersucht, da beide Gruppen die Frage recht unterschiedlich beantwortet haben. Von einer weiteren Untersuchung der einzelnen Käufer-Cluster wurde hingegen abgesehen, da die Anzahl der einzelnen n-Werte der jeweiligen Cluster zu gering erscheinen, um zuverlässige Aussagen nach Mittelwert, Median, Standardabweichung und Schiefe zu treffen.

### 5.6.1 Der Käufer

| Ich wäre bereit Geld/mehr Geld für virtuelle Güter auszugeben, wenn ... | $\mu$ | $Me$ | $\sigma$ | Schiefe: $v(X)$ |
|---|---|---|---|---|
| „... der Einkauf über das Internet sicherer wäre." | 4,5435 | 5 | 1,00458 | −2,256 |
| „... meine Daten besser geschützt wären." | 4,3617 | 5 | 1,18735 | −1,731 |
| „... es die (technische) Möglichkeit gäbe, ein virtuelles Gut wieder zu verkaufen." | 2,8542 | 2 | 1,70093 | 0,265 |
| „... vonseiten des Onlinespielebetreibers der Handel mit virtuellen Gütern erlaubt wäre." | 3,5111 | 3 | 1,54658 | −0,350 |
| „... die virtuellen Güter günstiger wären" | 2,5870 | 2 | 1,48438 | 0,590 |

Tabelle 10: Statistische Kenngrößen zur Bereitschaft, mehr Geld für virtuelle Güter auszugeben (unter veränderten Bedingungen)

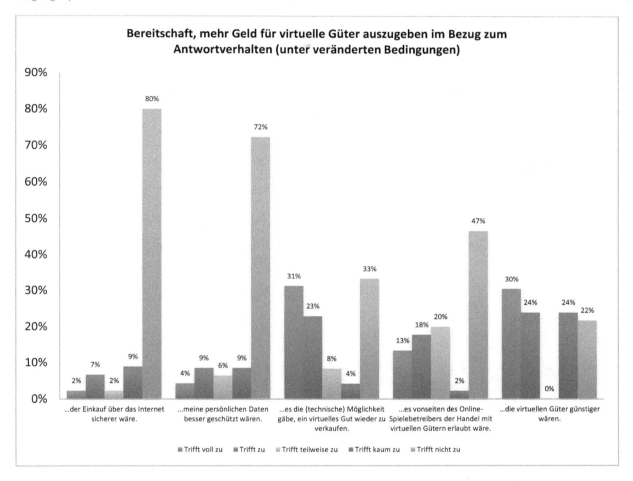

Abbildung 16: Bereitschaft, mehr Geld für virtuelle Güter auszugeben im Bezug zum Antwortverhalten (unter veränderten Bedingungen)

Betrachtet man Tabelle 10 und Abbildung 16 gemeinsam, würden mehr als die Hälfte (54 %)[18] der Käufer von virtuellen Gütern mehr Geld ausgeben, wenn die virtuellen Güter günstiger wären. Ob sich dadurch weitere Erlöse für den Onlinespiele-Anbieter generieren lassen, ist hingegen fraglich. Der Onlinespiele-Anbieter ist dazu gezwungen, seine virtuellen Güter künstlich zu verknappen (siehe Kapitel 3.1). Senkt er den Preis, muss er gleichzeitig mehr virtuelle Güter produzieren mit der Problematik, dass sein virtuelles Gut ab einem bestimmten Punkt nicht mehr als exklusiv angesehen wird. Der Vorsprung, den der Einzelne

---

[18] ... die virtuellen Güter günstiger wären (30 % + 24 %)

gegenüber seinen Mitspielern durch den Kauf eines virtuellen Gutes erlangen möchte, wäre hinfällig und der virtuelle Güterkauf somit nicht mehr attraktiv. Der Onlinespiele-Anbieter sollte bei Preissenkungen (z. B. durch Rabattaktionen) zumindest vorher testen, ob sie wirklich den gewünschten Erfolg bringen, bevor der den Preis persistent senkt.

Daneben verlangen über 54 %[19] zumindest die technische Möglichkeit, das virtuelle Gut wieder verkaufen zu können. Interessanterweise halten selbst Onlinespieler, die virtuelle Güter gekauft haben, eine nicht vorhandene Wiederverkaufsmöglichkeit für inakzeptabel. Das Akzeptanzproblem tritt somit nicht nur bei den Nicht-Käufern auf, sondern in gewissem Maße auch bei den Käufern, die mehr Geld für virtuelle Güter ausgeben würden, wenn sie die virtuellen Güter auch wieder veräußern könnten.

Eine rechtliche Erlaubnis des virtuellen Güterverkaufes durch den Onlinespiele-Anbieter ist den Käufern hingegen unwichtig (31 %)[20]. Der Onlinespiele-Anbieter kann hingegen nicht erwarten, mehr Einnahmen beim virtuellen Güterverkauf aufgrund eines verbesserten Datenschutzes sowie eines sichereren Einkaufes im Internet zu generieren.

---

[19] ... es die (technische) Möglichkeit gäbe, ein virtuelles Gut wieder zu verkaufen (31 % + 23 %)
[20] ... vonseiten des Onlinespielebetreibers der Handel mit virtuellen Gütern erlaubt wäre (13 % + 18 %)

## 5.6.2 Der Nicht-Käufer

| Ich wäre bereit Geld/mehr Geld für virtuelle Güter auszugeben, wenn ... | $\mu$ | $Me$ | $\sigma$ | Schiefe: $v(X)$ |
|---|---|---|---|---|
| „... der Einkauf über das Internet sicherer wäre." | 4,4155 | 5 | 1,08008 | -1,817 |
| „... meine Daten besser geschützt wären." | 4,0420 | 5 | 1,27751 | -1,004 |
| „... es die (technische) Möglichkeit gäbe, ein virtuelles Gut wieder zu verkaufen." | 3,8421 | 4 | 1,44517 | -0,805 |
| „... vonseiten des Onlinespielebetreibers der Handel mit virtuellen Gütern erlaubt wäre." | 4,1840 | 5 | 1,29754 | -1,384 |
| „... die virtuellen Güter günstiger wären." | 3,8582 | 5 | 1,50264 | -0,888 |

Tabelle 11: Statistische Kenngrößen zur Bereitschaft, Geld für virtuelle Güter auszugeben (unter veränderten Bedingungen)

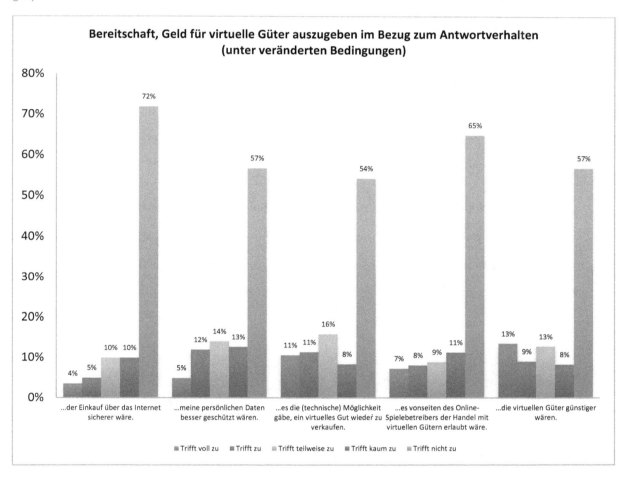

Abbildung 17: Bereitschaft, Geld für virtuelle Güter auszugeben im Bezug zum Antwortverhalten (unter veränderten Bedingungen)

Betrachtet man das Antwortverhalten der Nicht-Käufer in Tabelle 11 und in Abbildung 17 genauer und vergleicht diese mit den Ergebnissen aus Kapitel 5.5.1 und Kapitel 5.5.3, so kann man schlussfolgern, dass jeder dritte bis vierte Nicht-Käufer prinzipiell bereit zu sein scheint, Geld für virtuelle Güter auszugeben. Die restlichen Nicht-Käufer sind, wie in Kapitel 5.5.1 bereits vermutet, auf absehbare Zeit generell nicht bereit, virtuelle Güter käuflich zu erwerben. Für jeden dritten bis vierten Nicht-Käufer scheint allerdings eine Wiederver-kaufsmöglichkeit die Lösung zu sein, um das Akzeptanzproblem zu lösen. Im folgenden Kapitel wird ein Lösungsansatz zum Akzeptanzproblem vorgestellt.

## 5.7   Lösungsansatz für das Dilemma des Akzeptanzproblems

Wie bereits erläutert, scheint ein Teil der Käufer sowie ein Teil der Nicht-Käufer ein Akzeptanzproblem aufgrund der fehlenden Wiederverkaufsmöglichkeit für virtuelle Gütern zu haben. Dieses Dilemma wurde in Kapitel 5.5.1 bereits dargestellt. Das Kernproblem ist nun die Frage, wie Onlinespiele-Anbieter diesem Dilemma begegnen können. Als Lösung könnten Onlinespiele-Anbieter selbst eine eigene Handelsplattform für ihre Spieler aufbauen und so den Handel der Onlinespieler mit virtuellen Gütern untereinander technisch ermöglichen. Gleichzeitig könnten sie sich aber rechtlich vorbehalten, gegen gewerblichen Handel auf ihrer Handelsplattform vorzugehen. So hätte der Anbieter die Möglichkeit, Nutzungsgebühren für seine Plattform zu verlangen, Mitbewerber auszusperren und den Handel mit den virtuellen Gütern unter seiner Kontrolle zu halten. Er kann dann wie ein Staat in einer geschlossenen Volkswirtschaft agieren.

Eine weitere Möglichkeit könnte eventuell auch die Einräumung einer Rückgabe- und Testmöglichkeit für virtuelle Güter seitens des Onlinespiele-Anbieters darstellen. Ob der Onlinespiele-Anbieter mithilfe von Rückgabemöglichkeiten und kostenlosen Tests die Akzeptanz weiter steigern kann, müsste allerdings in zukünftigen Erhebungen untersucht werden.

# 6 Fazit und Ausblick

Die empirische Erhebung erwies sich als geeignet, die Untersuchungsfragen aus 1.2 zu beantworten und damit die Untersuchungsziele zu erreichen. Onlinespieler sind potenziell bereit, Geld für Onlinespiele auszugeben, wenn man vor allem ihr Zeitersparnis- oder ihr Machtmotiv anspricht. Dabei können vier Käufertypen unterschieden werden, die unterschiedlich angesprochen sein wollen. Erkennt der Onlinespiele-Anbieter den jeweiligen Käufertyp und umwirbt diesen nach seinen jeweiligen Kaufmotiven, könnten sich für ihn daraus weitere Umsatzsteigerungen ergeben.

Allerdings gilt dies nicht uneingeschränkt. So ergab die empirische Untersuchung auch, dass virtuelle Güter zurzeit noch unter einem Akzeptanzproblem leiden. Schließlich liegt der Anteil der Nicht-Käufer noch bei 75,5 % der Onlinespieler. Von diesen Nicht-Käufern scheinen auf absehbare Zeit wiederum drei Viertel nicht einmal ansatzweise bereit zu sein, Geld für virtuelle Güter auszugeben. Ein Viertel der Nicht-Käufer scheint nur bei Lösung des Akzeptanzproblems am Kauf virtueller Güter interessiert zu sein. Ob das Akzeptanzproblem sowie das daraus folgende Dilemma durch den Lösungsansatz aus 5.7 gelöst werden kann, wird die Zukunft zeigen.

Doch eines steht fest: Der Anbieter von Onlinespielen wird in Zukunft der eigenen Marktsituation und der Handelbarkeit von virtuellen Gütern verstärkte Beachtung widmen müssen, um seinen Umsatz durch den Verkauf virtueller Güter weiter steigern zu können. Er muss sich darüber im Klaren sein, ob er monopolistisch oder polypolistisch agieren möchte. Des Weiteren sollte er mehr Aufmerksamkeit darauf verwenden, weitere potenzielle Onlinespieler zu akquirieren, denn weitere Onlinespieler sind zukünftige potenzielle Käufer von virtuellen Gütern.

Neben den Ergebnissen zu den hauptsächlichen Untersuchungszielen aus 1.2 hat die empirische Untersuchung weitere interessante Ergebnisse geliefert. Es wurde gezeigt, dass umso eher mit dem Kauf eines virtuellen Gutes durch den Onlinespieler zu rechnen ist, je exzessiver Onlinespiele gespielt werden (Abbildung 12). Der Onlinespiele-Anbieter muss somit die Onlinespieler möglichst lange und möglichst intensiv an sich binden. Ferner konnte bestätigt werden, dass Frauen mit Mittel mehr Geld im Monat für virtuelle Güter ausgeben als Männer und das, obwohl sie zur Zeit nur 8 % der Käufer ausmachen. Daneben ist mit einem Nachfragesog in Zukunft zu rechnen, da die Generation der 10- bis 18-Jährigen schon mehr

Erfahrungen mit dem Kauf von virtuellen Gütern gesammelt haben als die 19- bis 24-Jährigen.

Die Wissenschaft wird in den nächsten Jahren noch viel Forschungsarbeit im Bereich der virtuellen Güter leisten müssen. Dass gerade die 19- bis 24-Jährigen zurzeit den geringsten Anteil der Käufer von virtuellen Gütern ausmachen, wurde in dieser Untersuchung entdeckt, über die Gründe dafür kann jedoch nur spekuliert werden. Außerdem stellt sich die Frage, ob die in dieser Arbeit angebotene Lösung wirklich geeignet ist, das Akzeptanzproblem und das daraus erwachsende Dilemma zu lösen. Offen blieb auch die Frage, was den Käufertyp Tester wirklich ausmacht. Er könnte ein einmaliger Käufer sein oder sich im Zuge des Kaufes später doch zu einem der anderen drei Käufertypen entwickeln.

Fest steht jedoch eins: Die Forschung zu virtuellen Gütern steht erst am Anfang und wird in den nächsten Jahren noch grundlegende Umgestaltungen erfahren.

# Anlage A: Der Fragebogen

Fragebogen: Virtuelle Güter in Onlinespielen

Folgender Fragebogen wird Ihnen ein paar Fragen zu virtuellen Gütern in Onlinespielen stellen. In einigen Onlinespielen wird Ihnen die Möglichkeit gegeben, mit realem echtem Geld (Euro, Dollar) virtuelles Spielgeld oder andere virtuelle Güter zu erwerben.

1.  Spielen Sie Onlinespiele, welche eine monatliche Abogebühr für das Spielen verlangen?
    O Ja      O Nein

2.  Welche Onlinespielearten spielen Sie hauptsächlich? (Mehrfachnennung möglich)
    [ ] Browsergames (z. B. Farmville, Galaxywars, Pennergame, Die Stämme, Dark Orbit, Travianer ...)
    [ ] Massively Multiplayer Online Games (z. B. World of Warcraft, Everquest, Herr der Ringe Online, Guild Wars, Dark Age of Camelot, Allods Online, Runes of Magic ...)
    [ ] Virtuelle Welten (z. B. Second Life, PlayStation Home, Gaia Online ...)
    [ ] Sonstiges, und zwar: _____

3.  Wie oft spielen Sie Onlinespiele?
    O mehrmals am Tag
    O einmal am Tag
    O ein- bis mehrmals die Woche
    O ein- bis mehrmals im Monat
    O seltener als einmal im Monat

4.  Haben Sie bereits echtes Geld für virtuelle Güter in Onlinespielen ausgegeben?
    O Ja      O Nein

    Bei <u>Nein</u> machen Sie bitte weiter bei <u>Frage 7!</u>

5.  Warum haben Sie echtes Geld für virtuelle Güter in Onlinespielen ausgegeben? (Bitte kreuzen Sie an, inwieweit die einzelnen Aussagen auf Sie zutreffen!)

    1 => trifft voll zu    2 => trifft zu    3 => trifft teilweise zu    4 => trifft kaum zu    5 => trifft nicht zu

    |  | 1 | 2 | 3 | 4 | 5 | Weiß nicht |
    |---|---|---|---|---|---|---|
    | 11.  weil ich schneller im Spiel vorankommen wollte |  |  |  |  |  |  |
    | 12.  weil ich neugierig war |  |  |  |  |  |  |
    | 13.  weil ich stärker sein wollte als meine Gegner |  |  |  |  |  |  |
    | 14.  weil andere Leute es auch gekauft haben |  |  |  |  |  |  |
    | 15.  weil ich das gekaufte virtuelle Gut reizvoll/schön fand |  |  |  |  |  |  |
    | 16.  weil ein Teil des Geldes sozialen Einrichtungen gespendet wurde |  |  |  |  |  |  |
    | 17.  weil ein Teil des Geldes in ökologische Projekte ging |  |  |  |  |  |  |
    | 18.  weil ich es wieder (für echtes Geld) verkaufen konnte |  |  |  |  |  |  |
    | 19.  weil ich etwas haben wollte, was andere nicht haben |  |  |  |  |  |  |
    | 20.  weil es bequemer ist |  |  |  |  |  |  |
    | 21.  Sonstiges und zwar: |  |  |  |  |  |  |

6.  Wie viel Geld geben Sie durchschnittlich <u>im Monat für virtuelle Güter in Onlinespielen</u> aus?
    _____ €/Monat

Bitte machen Sie weiter bei <u>Frage 8!</u>

7. Warum haben Sie noch kein echtes Geld für virtuelle Güter in Onlinespielen ausgegeben? (Bitte kreuzen Sie an, inwieweit die einzelnen Aussagen auf Sie zutreffen!)

1 => trifft voll zu    2 => trifft zu    3 => trifft teilweise zu    4 => trifft kaum zu    5 => trifft nicht zu

|  | 1 | 2 | 3 | 4 | 5 | Weiß nicht |
|---|---|---|---|---|---|---|
| 1. weil ich generell kein Geld über das Internet ausgebe | | | | | | |
| 2. weil ich Angst um meine persönlichen Daten habe | | | | | | |
| 3. weil ich es für Geldverschwendung halte | | | | | | |
| 4. weil ich finde, dass es genug kostenlose Onlinespielalternativen gibt | | | | | | |
| 5. weil ich auch so schnell genug an mein Ziel komme | | | | | | |
| 6. weil sich die Gelegenheit noch nicht dafür ergab | | | | | | |
| 7. weil es mir noch nicht aufgefallen ist, dass man virtuelle Güter auch kaufen kann | | | | | | |
| 8. weil man das virtuelle Gut nicht wieder verkaufen kann | | | | | | |
| 9. weil ich Angst davor habe, spielsüchtig zu werden | | | | | | |
| 10. Sonstiges und zwar: | | | | | | |

8. Ich wäre bereit Geld/mehr Geld für Onlinegüter auszugeben, wenn ... (Bitte kreuzen Sie an, inwieweit die einzelnen Aussagen auf Sie zutreffen!)

1 => trifft voll zu    2 => trifft zu    3 => trifft teilweise zu    4 => trifft kaum zu    5 => trifft nicht zu

|  | 1 | 2 | 3 | 4 | 5 | Weiß nicht |
|---|---|---|---|---|---|---|
| 1. ... der Einkauf über das Internet sicherer wäre. | | | | | | |
| 2. ... meine persönlichen Daten besser geschützt wären. | | | | | | |
| 3. ... es die (technische) Möglichkeit gäbe, ein virtuelles Gut wieder zu verkaufen. *(Anm.: Einige Onlinespiele-Anbieter lassen technisch nur einen Kauf zu, jedoch keinen Verkauf)* | | | | | | |
| 4. ... vonseiten des Onlinespielebetreibers der Handel mit virtuellen Gütern erlaubt wäre. *(Anm.: Einige Onlinespiele-Anbieter lassen technisch zwar einen Kauf sowie einen Verkauf zu, verbieten den Verkauf aber über deren AGB.)* | | | | | | |
| 5. ... die virtuellen Güter günstiger wären. | | | | | | |
| 6. Sonstiges und zwar: | | | | | | |

9. Wie alt sind Sie?
_____ Jahre

10. Sind Sie männlich oder weiblich?
O männlich          O weiblich

# Anlage B: Korrelationsmatrizen

| | Zeitersparnismotiv | Neugier | Machtmotiv | Nachahmungstrieb | Abwechslungsmotiv | Sozialmotiv | Ökologiemotiv | Gewinnmotiv | Geltungsmotiv | Bequemlichkeitsmotiv |
|---|---|---|---|---|---|---|---|---|---|---|
| Zeitersparnismotiv | 1 | | | | | | | | | |
| Neugier | -0,051567674 | 1 | | | | | | | | |
| Machtmotiv | 0,480778409 | 0,061498077 | 1 | | | | | | | |
| Nachahmungstrieb | -0,057132388 | 0,138076548 | 0,224631247 | 1 | | | | | | |
| Abwechslungsmotiv | 0,150028025 | 0,294415415 | -0,00444373 | -0,025484198 | 1 | | | | | |
| Sozialmotiv | -0,241006455 | 0,167802033 | 0,005947592 | 0,067343336 | -0,146660306 | 1 | | | | |
| Ökologiemotiv | -0,310618262 | 0,235556083 | -0,03349739 | 0,12215077 | 0,042691001 | 0,317416035 | 1 | | | |
| Gewinnmotiv | -0,088405084 | -0,30399112 | 0,146396009 | -0,045478774 | -0,109562414 | -0,03355437 | 0,000919216 | 1 | | |
| Geltungsmotiv | 0,093496478 | -0,15581684 | 0,29629629 | 0,147896127 | 0,061278016 | 0,04149584 | -0,176793809 | 0,196157345 | 1 | |
| Bequemlichkeitsmotiv | 0,276674103 | 0,23836655 | 0,247408498 | 0,043803153 | 0,507007019 | -0,13344373 | -0,068909626 | -0,128482262 | 0,255641217 | 1 |

Tabelle 12: Korrelationsmatrix der Kaufmotive

| | 7.1. weil ich generell kein Geld über das Internet ausgebe | 7.2. weil ich Angst um meine persönlichen Daten habe | 7.3. weil ich es für Geldverschwendung halte | 7.4. weil ich finde, dass es genug kostenlose Online-Spielalternativen gibt | 7.5. weil ich auch so schnell genug an mein Ziel komme | 7.6. weil sich die Gelegenheit noch nicht für ergab | nicht aufgefallen ist, dass man virtuelle Güter auch kaufen kann | 7.8. weil man das virtuelle Gut nicht wieder verkaufen kann | 7.9. weil ich Angst davor habe von spielsüchtig zu werden |
|---|---|---|---|---|---|---|---|---|---|
| 7.1. weil ich generell kein Geld über das Internet ausgebe | 1 | | | | | | | | |
| 7.2. weil ich Angst um meine persönlichen Daten habe | 0,451446280 | 1 | | | | | | | |
| 7.3. weil ich es für Geldverschwendung halte | 0,235883522 | 0,211448405 | 1 | | | | | | |
| dass es genug kostenlose Online-Spielalternativen gibt | 0,187692335 | 0,157361106 | 0,249578849 | 1 | | | | | |
| 7.5. weil ich auch so schnell genug an mein Ziel komme | -0,045815600 | -0,029838507 | 0,257900226 | 0,342528088 | 1 | | | | |
| 7.6. weil sich die Gelegenheit noch nicht für ergab | -0,108832248 | 0,016189120 | -0,193343143 | -0,075357172 | -0,106195599 | 1 | | | |
| nicht aufgefallen ist, dass man virtuelle Güter auch kaufen kann | 0,102803667 | 0,075311662 | -0,161959017 | 0,014066469 | -0,125658103 | 0,337944647 | 1 | | |
| 7.8. weil man das virtuelle Gut nicht wieder verkaufen kann | 0,120633088 | 0,146870125 | -0,119727974 | 0,090395659 | 0,056764957 | 0,275273953 | 0,238183260 | 1 | |
| 7.9. weil ich Angst davor habe von spielsüchtig zu werden | 0,144011147 | 0,151207069 | -0,021107412 | 0,013819803 | -0,115564491 | 0,180962082 | 0,255258708 | 0,399317782 | 1 |

Tabelle 13: Korrelationsmatrix der Motive der Nicht-Käufer

## Anlage C: Ergebnisse der Clusteranalyse der Kaufmotive

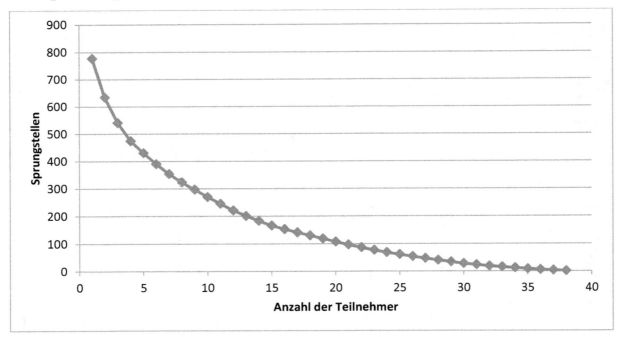

Tabelle 14: Elbow-Kriterium der Kaufmotive

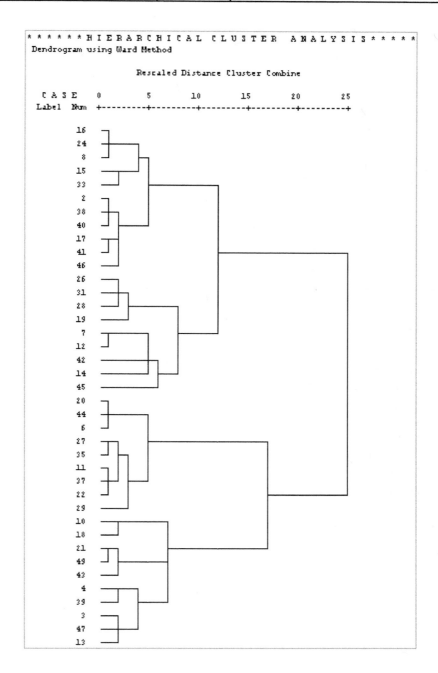

Abbildung 18: Dendrogramm der Kaufmotive

| | Cluster 1 | Cluster 2 | Cluster 3 | Cluster 4 |
|---|---|---|---|---|
| | Der Geltungsbedürftige | Der Zeitsparer | Der Tester | Der Macht-hungrige |
| **Nutzer** | 7 | 13 | 9 | 10 |
| | 17,95 % | 33,33 % | 23,08 % | 25,64 % |
| **Geschlecht:** | | | | |
| **Männlich** | 85,7 % | 100,0 % | 100,0 % | 70,0 % |
| **Weiblich** | 14,3 % | 0,0 % | 0,0 % | 30,0 % |
| **Alter:** | | | | |
| **10–14 Jahre** | 57,1 % | 38,5 % | 22,2 % | 10,0 % |
| **15–18 Jahre** | 42,9 % | 23,1 % | 22,2 % | 70,0 % |
| **19–24 Jahre** | 0,0 % | 7,7 % | 22,2 % | 0,0 % |
| **25–36 Jahre** | 0,0 % | 15,4 % | 33,3 % | 20,0 % |
| **Spieletyp:** | | | | |
| **Browsergames** | 57,1 % | 69,2 % | 66,7 % | 80.0 % |
| **MMOGs** | 71,4 % | 61,5 % | 55,6 % | 60,0 % |
| **Virtuelle Welten** | 14,3 % | 15,4 % | 0,0 % | 10,0 % |
| **Spielhäufigkeit:** | | | | |
| **1. mehrmals am Tag** | 28,6 % | 15,4 % | 33,3 % | 60,0 % |
| **2. einmal am Tag** | 57,1 % | 30,8 % | 22,2 % | 10,0 % |
| **3. ein- bis mehrmals die Woche** | 14,3 % | 23,1 % | 22,2 % | 20,0 % |
| **4. ein- bis mehrmals im Monat** | 0,0 % | 7,7 % | 22,2 % | 10,0 % |
| **5. seltener als einmal im Monat** | 0,0 % | 0,0 % | 0,0 % | 0,00 % |
| **Monatliche Ausgaben in € (arithmetisches Mittel** | 4,71€ | 3,92€ | 5,17€ | 9,98€ |

Tabelle 15: Auswertung der Stichprobe nach Clustern

## Anlage D: Ergebnisse der Clusteranalyse der Nicht-Käufer

| | Cluster 5 |
|---|---|
| | **Der Nicht-Käufer** |
| **Nutzer** | 106 |
| | 100,00 % |
| **Geschlecht:** | |
| **Männlich** | 74,5 % |
| **Weiblich** | 25,5 % |
| **Alter:** | |
| **10–14 Jahre** | 36,8 % |
| **15–18 Jahre** | 21,7 % |
| **19–24 Jahre** | 23,6 % |
| **25–36 Jahre** | 17,9 % |
| **Spieletyp:** | |
| **Browsergames** | 70,8 % |
| **MMOGs** | 30,2 % |
| **Virtuelle Welten** | 5,7 % |
| **Spielhäufigkeit:** | |
| **1. mehrmals am Tag** | 16,0 % |
| **2. einmal am Tag** | 30,2 % |
| **3. ein- bis mehrmals die Woche** | 28,3 % |
| **4. ein- bis mehrmals im Monat** | 15,1 % |
| **5. seltener als einmal im Monat** | 10,4 % |

Tabelle 16: Auswertung des Clusters Nicht-Käufer

# Literaturverzeichnis

**Ackermann, Sebastian, Wünderlich , Nancy V. und von Wangenheim, Florian. 2009.**
*Geschäftsmodelle in virtuellen Spielewelten: Eine Broschüre aus dem Forschungsprojekt*
*Second Business.* [Hrsg.] Sebastian Ackermann, Nancy V. Wünderlich und Florian von
Wangenheim. 1. Auflage. München : Books on Demand GmbH, 2009. ISBN: 978-3-8370-
8166-4.

**Backhaus, Klaus, et al. 2008.** *Multivariate Analysemethoden - Eine anwendungsorientierte*
*Einführung.* 12. Auflage. Berlin : Springer Verlag, 2008. ISBN: 978-3-540-85044-1.

**Bänsch, Axel. 2006.** *Verkaufspsychologie und Verkaufstechnik.* 8. Auflage. München :
Oldenbourg Verlag, 2006. ISBN: 978-3-486-57872-0.

**Bauer, Hans H. und Sauer, E. Nicola. 2004.** Internetnutzungs- und Online-Kaufverhalten in
Deutschland und den USA. [Buchverf.] Klaus-Peter Wiedmann, Holger Bruxel und Tobias
Frenzel. [Hrsg.] Gianfranco Walsh. *Konsumentenverhalten im Internet: Konzepte -*
*Erfahrungen - Methoden.* 1. Auflage. Wiesbaden : Gabler Verlag, 2004, S. 35-56.

**Bergs, Siegfried. 1981.** *Optimalität bei Clusteranalysen: Experimente zur Bewertung*
*numerischer Klassifikationsverfahren.* Münster : Dissertation, Universität Münster, 1981.

**BIU e.V. 2010.** *Spielgewohnheiten im Internet: Die Nutzung von Online-und Browser-Games*
*in Deutschland.* GfK Panel Services Deutschland. Berlin : BIU e.V., 2010. Repräsentative
Befragung.

**Bleymüller, Josef, Gehlert, Günther und Gülicher, Herbert. 2008.** *Statistik für*
*Wirtschaftswissenschaftler.* 15. Auflage. München : Verlag Franz Vahlen GmbH, 2008. ISBN:
978-3-8006-3529-0.

**Blizzard. 2010.** Das Inventar. *Wow-Europe.com Game-*
*Guide/Spielgrundlagen/Gegenstände/Das Inventar.* [Online] Blizzard, 26. August 2010. [Zitat
vom: 03. Januar 2011.] http://www.wow-europe.com/de/info/items/management.html.

**—. 2010.** Haustiershop. *Wow-Europe.com Blizzard Store/Sammlerstücke/Haustiershop.*
[Online] Blizzard, 26. August 2010. [Zitat vom: 03. Januar 2011.]
http://eu.blizzard.com/store/browse.xml?f=c:5,c:33.

**Bortz, Jürgen, Lienert, Gustav A. und Boehnke, Klaus. 2008.** *Verteilungsfreie Methoden in der Biostatistik.* 3. Auflage. Heidelberg : Springer Verlag, 2008. ISBN: 978-3-540-74706-2.

**Bühl, Achim. 2008.** *SPSS Version 16: Einführung in die moderne Datenanalyse.* 11. Auflage. München : Pearson Verlag, 2008. ISBN: 978-3-8273-7332-8.

**Bühner, Markus. 2004.** *Einführung in die Test- und Fragebogenkonstruktion.* 1. Auflage. München : Pearson Verlag, 2004. ISBN 3-8273-7083-3.

**Büschken, Joachim und von Thaden, Christian. 1999.** Clusteranalyse. [Buchverf.] Andreas Herrmann. [Hrsg.] Christian Homburg. *Marktforschung: Methoden, Anwendungen, Praxisbeispiele.* Wiesbaden : Gabler Verlag, 1999, S. 338-380.

**Destatis. 2010.** Bevölkerung nach Altersgruppen, Familienstand und Religionszugehörigkeit. *Destatis.de.* [Online] Destatis, 17. Dezember 2010. [Zitat vom: 03. Januar 2011.] http://www.destatis.de/jetspeed/portal/cms/Sites/destatis/Internet/DE/Content/Statistiken /Bevoelkerung/Bevoelkerungsstand/Tabellen/Content75/AltersgruppenFamilienstand,templ ateId=renderPrint.psml.

**Deutsche Presse Agentur GmbH. 2009.** Virtuelle Währung könnte sich rechnen. *FAZ.net.* [Online] Deutsche Presse Agentur GmbH, 17. Juli 2009. [Zitat vom: 03. Januar 2011.] http://www.faz.net/s/Rub2F3F4B59BC1F4E6F8AD8A246962CEBCD/Doc~EEC0F883A70C544 CC8D61F5868125358A~ATpl~Ecommon~Scontent.html.

*Disney will zur Größe im Internetspielemarkt werden.* **Lindner, Roland. 2010.** [Hrsg.] Werner D'Inka, et al. 173, Frankfurt am Main : Fazit-Stiftung, 29. Juli 2010, Frankfurter Allgemeine Zeitung, S. 12.

**Dittrich, Jan und Behles, Stefan. 2009.** *Browsergames: Der Status quo.* 1. Auflage. Norderstedt : GRIN Verlag, 2009. ISBN: 978-3-640-46572-9.

**Fairfield, Joshua. 2005.** Virtual Property. *Boston University Law Review.* Oktober 2005, Bd. 85, 4. Ausgabe, S. 1047-1102.

**Fischer, Martina. 2009.** "Durch das Spiel habe ich eine Menge Leute kennengelernt" - World of Warcraft: Nutzungsmuster und Nutzungsmotive. [Buchverf.] Michael Meyen. [Hrsg.] Senta

Pfaff-Rüdiger. *Internet im Alltag: Qualitative Studien zum praktischen Sinn von Onlineangeboten.* 1. Auflage. Berlin : LIT Verlag Dr. W. Hopf, 2009, S. 321-340.

**Fleck, Jürgen. 2008.** *Virtuelle Welten: ungenutzte Potentiale für Unternehmen; gezeigt am Beispiel von Second Life.* 1. Auflage. Hamburg : Diplomica Verlag, 2008. ISBN: 978-3-8366-6496-7.

**Fox Interactive Media Germany GmbH. 2007.** Das WoW-Lexikon. *Giga.de.* [Online] Fox Interactive Media Germany GmbH, 31. August 2007. [Zitat vom: 03. Januar 2011.] http://www.giga.de/features/storyarchiv/00140535-das-wow-lexikon/page_8.html.

**Frieling, Jens. 2010.** *Zielgruppe Digital Natives: Wie das Internet die Lebensweise von Jugendlichen verändert.* 1. Auflage. Hamburg : Diplomica Verlag GmbH, 2010. ISBN: 978-3-8366-8488-0.

**Fröhlich, D. Werner. 2005.** *Wörterbuch Psychologie.* 26. Auflage. München : Deutscher Taschenbuch Verlag, 2005 ISBN: 978-3423342315.

**Gischer, Horst, Herz, Bernhard und Menkhoff, Lukas. 2005.** *Geld, Kredit und Banken: Eine Einführung.* Berlin : Springer Verlag, 2005. ISBN: 3-540-24169-8.

**Grimm, Rüdiger und Nützel, Jürgen. 2002.** Geschäftsmodelle für virtuelle Waren. *Datenschutz und Datensicherheit.* 2002, 26. Ausgabe, S. 261-266.

**Grünbichler, Benjamin. 2008.** *Lost in cyberspace? Chancen und Risiken von Online-Rollenspielen als Herausforderung für die Soziale Arbeit.* Norderstedt : Books on Demand GmbH, 2008. ISBN: 978-3-8370-5789-8.

**Guo, Yue und Stuart, Barnes. 2009.** Virtual item purchase behavior in virtual worlds: an exploratory investigation. [Hrsg.] LLC 2009 Springer Science+Business Media. *Electronic Commerce Research Volume 9, Numbers 1-2.* 10. März 2009, Bde. 1-2, Volume 9, S. 77-96.

**Hentschel, Thomas. 2007.** *Second Life: Perspektiven und Geschäftsmodelle im virtuellen Wirtschaftsraum Second Life.* 1. Auflage. Norderstedt : GRIN Verlag, 2007. ISBN: 978-3-638-93042-0.

**Herbrand, Nicolai O. 2008.** *Schauplätze Dreidimensionaler Markeninszenierung: Innovative Strategien und Erfolgsmodelle Erlebnisorientierter Begegnungskommunikation.* 1. Auflage. Stuttgart : Edition Neues Fachwissen GmbH, 2008. ISBN: 978-3-9811220-2-2.

**Hoffmann, Jürgen. 2010.** Glänzende Geschäfte mit Spielen ohne Grenzen. *Welt.de.* [Online] Axel Springer AG, 8. Februar 2010. [Zitat vom: 03. Januar 2011.] http://www.welt.de/die-welt/wirtschaft/article6298464/Glaenzende-Geschaefte-mit-Spielen-ohne-Grenzen.html.

**Hollburg, Cordt. 2009.** *Was treibt Menschen in virtuelle Welten?* 1. Auflage. Norderstedt : GRIN Verlag, 2009. ISBN: 978-3-640-51523-3.

**Illik, J. Anton. 2002.** *Grundlagen und Technik für die Erschließung elektronischer Märkte.* 2. Auflage. München : Oldenbourg Verlag, 2002. ISBN 3-486-25479-0.

**Janssen, Jürgen und Laatz, Wilfried. 2007.** *Statistische Datenanalyse mit SPSS für Windows: Eine anwendungsorientierte.* 6. Auflage. Berlin : Springer Verlag, 2007. ISBN: 978-3-540-72977-8.

**Jenderek, Bastian. 2009.** Echtzeitabenteuer ohne Grafik und Sound. Die Nutzung von Multi-User-Domains. [Buchverf.] Thorsten Quandt und Jeffrey Wimmer. [Hrsg.] Jens Wolling. *Die Computerspieler - Studien zur Nutzung von Computergames.* 2. Auflage. Wiesbaden : VS Verlag für Sozialwissenschaften, 2009, 4.7, S. 313-332.

**Kähler, Wolf-Michael. 2010.** *Statistische Datenanalyse: Verfahren verstehen und mit SPSS gekonnt einsetzen.* 6. Auflage. Wiesbaden : Vieweg+Teubner Verlag, 2010. ISBN: 978-3-8348-1326-8.

**Kim, Ryan. 2009.** Tapping into growing market for virtual goods. *Seattlepi.com.* [Online] The San Francisco Chronicle, 2. November 2009. [Zitat vom: 03. Januar 2011.] http://www.seattlepi.com/business/411768_virtual03.html.

**Kohn, Wolfgang. 2004.** *Statistik: Datenanalysis und Wahrscheinlichkeitsrechnung.* 1. Auflage. Berlin : Springer Verlag, 2004. ISBN: 3-540-21677-4.

**Korchmar, Simon. 2007.** *Erlösmodelle in Massively Multiplayer Online Games.* 1. Auflage. Norderstedt : GRIN Verlag, 2007. ISBN: 978-3-640-22276-6.

**Kurz, Constanze und Thiedeke, Udo. 2010.** _Picknick mit Cyborgs: Ein interdisziplinäres Gespräch über die alltägliche Vernetzung._ Norderstedt : GRIN Verlag, 2010. ISBN: 3640678567, 9783640678563.

**Kutschera, Franz von. 1985.** _Der Satz vom ausgeschlossenen Dritten._ 1. Auflage. Berlin : Walter de Gruyter Verlag, 1985.

**Lackner, Robert. 2010.** _Wie viel Verrücktheit geht noch? - Anleitung zum Grübeln und Diskutieren._ 1. Auflage. Norderstedt : Books on Demand GmbH, 2010. ISBN: 978-3-8391-8456-1.

**Lattemann, Christoph. 2009.** Virtuelle Welten. _Enzyklopaedie-der-wirtschaftsinformatik.de._ [Online] Oldenbourg Verlag, 30. September 2009. [Zitat vom: 03. Januar 2011.] http://www.enzyklopaedie-der-wirtschaftsinformatik.de/wi-enzyklopaedie/lexikon/daten-wissen/Wissensmanagement/Soziales-Netzwerk/Virtuelle-Welten.

**Lehdonvirta, Vili und Hamari, Juho. 2010.** Game design as marketing: How game mechanics create demand for virtual goods. _International Journal of Business Science and Applied Management._ Volume 5, Issue 1, 2010, S. 14-29.

**Lehdonvirta, Vili. 2009.** Virtual item sales as a revenue model: Identifying attributes that drive purchase decisions. _Electronic Commerce Research._ Volume 9, Numbers 1-2, 10. März 2009, S. 97-113.

**Link, Jörg. 2003.** _Mobile Commerce._ Berlin : Springer Verlag, 2003. ISBN: 3-540-00024-0.

**Linse, Nora. 2008.** _Virtual? Reality- Wenn Fiktion zur Realiät wird: Zur Bedeutung virtueller Lebenswelten für Erziehung und Bildung._ 1. Auflage. Norderstedt : GRIN Verlag, 2008. ISBN: 978-3-640-24422-5.

_Long-term motivations to play MMOGs: A longitudinal study on motivations, experience and behavior._ **Schultheiss, Daniel. 2007.** Tokio : DiGRA2007, 2007. DiGRA2007 - Situated Play (Proceedings zur Digital Games Research Association International Conference 2007). S. 344-348.

**Luxem, Redmer. 2001.** _Digital Commerce: Electronic Commerce mit digitalen Produkten._ 2. Auflage. Lohmar : Josef Eul Verlag, 2001.

**Maass, Harald. 2006.** Der Schatz im Netz - Zehntausende Chinesen arbeiten als Berufsspieler. *Tagesspiegel.de.* [Online] Verlag Der Tagesspiegel GmbH, 01. September 2006. [Zitat vom: 03. Januar 2011.] http://www.tagesspiegel.de/zeitung/der-schatz-im-netz/746458.html.

**Maatz, Björn. 2010.** Google kauft sich bei Farmville-Erfindern ein. *Financial-Times-Deutschland.de.* [Online] G+J Wirtschaftsmedien GmbH & Co. KG, 12. Juli 2010. [Zitat vom: 03. Januar 2011.] http://www.ftd.de/it-medien/medien-internet/:boom-der-online-spiele-google-kauft-sich-bei-farmville-erfindern-ein/50143138.html.

**Maleri, Rudolf und Frietzsche, Ursula. 2008.** *Grundlagen der Dienstleistungsproduktion.* 5. Auflage. Berlin : Springer Verlag, 2008. ISBN: 978-3-540-74058-2.

**Mayr, Sonia, Reschke, Anja and Rütten, Henning. 2008.** *Spielen, spielen, spielen... Wenn der Computer süchtig macht.* [Fernsehreportage]. Norddeutscher Rundfunk; ARD, 2008.

**Müller, Günter, Eymann, Torsten und Kreutzer, Michael. 2002.** *Telematik- und Kommunikationssysteme in der vernetzten Wirtschaft.* 1. Auflage. München : Oldenbourg Verlag, 2002. ISBN: 3-486-25888-5.

**Nebl, Theodor. 2007.** *Produktionswirtschaft.* 6. Auflage. München : Oldenbourg Verlag, 2007. ISBN: 978-3-486-58493-6.

**Nerdinger, W. Friedemann. 2003.** *Motivation von Mitarbeitern.* 1. Auflage. Göttingen : Hogrefe Verlag GmbH & Co. KG, 2003. ISBN: 3-8017-1484-5.

**—. 2001.** *Psychologie des persönlichen Verkaufs.* 1. Auflage. München : Oldenbourg Verlag, 2001. ISBN: 3-486-255598-3.

**Nkoa, Clément U. Mengue. 2006.** *Effiziente Gestaltung bankspezifischer CRM-Prozesse: Ein praxisorientiertes Referenz-Organisationsmodell.* 1. Auflage. Wiesbaden : Gabler Verlag, 2006.

**Noelle-Neumann, Elisabeth und Petersen, Thomas. 2005.** *Alle, nicht jeder: Einführung in die Methoden der Demoskopie.* [Hrsg.] Institut für Demoskopie Allensbach. 4. Auflage. Allensbach : Springer Verlag, 2005. ISBN: 3-540-22500-5.

**Pannicke, Danny und Zarnekow, Rüdiger. 2009.** Virtuelle Welten. *Wirtschaftsinformatik.* Volume 51, Nummer 2, April 2009, S. 215-219.

**Pfeiffer, Regine. 2009.** Warum World of Warcraft süchtig machen kann. [Hrsg.] Regierungspräsidium Stuttgart. *Informationsdienst zur Suchtprävention Nr. 22.* Medienabhängigkeit: neue Medien - neue Gefahren, 19. Juni 2009, 22. Ausgabe, S. 77-80.

**PlaySpan and VGMarket. 2010.** PlaySpan and VGMarket Publish Comprehensive Report on Digital Goods Spending. *Corp.playspan.com.* [Online] 21. Juli 2010. [Zitat vom: 03. Januar 2011.] http://corp.playspan.com/pdf/PlaySpan_VGMarket_Report_7-20-10_Final.pdf.

**Rumsey, Deborah. 2008.** *Übungsbuch Statistik für Dummies.* 1. Auflage. Weinheim : WILEY-VCH Verlag GmbH & Co. KGaA, 2008. ISBN 978-3-527-70390-6.

**Schmidt, Jan. 2007.** Orte des guten Lebens im Internet. [Buchverf.] Hans-Peter Ecker. [Hrsg.] Hans-Peter Ecker. *Orte des guten Lebens - Entwürfe humaner Lebensräume.* 1. Auflage. Würzburg : Verlag Königshausen & Neumann GmbH, 2007, S. 61-80.

**Schmidt, Jan, Dreyer, Stephan und Lampert, Claudia. 2008.** *Spielen im Netz: Zur Systematisierung des Phänomens "Online-Games".* Hans-Bredow-Institut für Medienforschung, Universität Hamburg. Hamburg : Verlag Hans-Bredow-Institut, 2008. S. 96, Arbeitspapier. ISSN 1435-9413 ISBN 978-3-87296-108-2.

**Schmidt, Sebastian. 2007.** *Das Online-Erfolgsmodell digitaler Produkte: Strategische Wirkungspotenziale und operative Handlungsoptionen.* 1. Auflage. Wiesbaden : Gabler Verlag, 2007. ISBN: 978-3-8350-6088-3.

**Schmiede, Jens. 2007.** *Internetbasierte Erlösmodelle im Web 2.0 und in der New Economy: Eine kritische Analyse.* 1. Auflage. Norderstedt : GRIN Verlag, 2007.

**Schönefeldt, Andreas. 2009.** *Belegarbeit - Eine kritische Analyse der Potentiale virtueller Welten für das Lernen.* Dresden : TU Dresden, 2009.

**Schwietzke, Kristin. 2010.** *Digitale Güter und hybride Produkte - Einordnung, Abgrenzung und Kategorisierung.* 1. Auflage. Saarbrücken : VDM Verlag Dr. Müller, 2010. ISBN: 978-3-639-02592-7.

**Shapiro, Carl und Varian, Hal R. 1999.** *Information Rules: A strategic guide to the network economy.* Boston : Harvard Business School Press, 1999. ISBN 0-87584-863-X.

**Siklos, Richard. 2006.** A Virtual World but Real Money. *NYTimes.com.* [Online] Correction: Oct. 21, 2006, New York Times, 19. Oktober 2006. [Zitat vom: 30. August 2010.] http://www.nytimes.com/2006/10/19/technology/19virtual.html.

**Sprenger, Gabriele. 2008.** *Leistungsorientierte Vergütungssysteme: Eine kritische Betrachtung aus motivationstheoretischer Sicht.* 1. Auflage. Norderstedt : GRIN Verlag, 2008. ISBN: 978-3-640-17333-4.

**Stelzer, Dirk. 2008.** Digitale Güter. *Enzyklopaedie-der-wirtschaftsinformatik.de.* [Online] Oldenbourg Verlag, 9. September 2008. [Zitat vom: 04. Januar 2011.] http://www.enzyklopaedie-der-wirtschaftsinformatik.de/wi-enzyklopaedie/lexikon/informationssysteme/crm-scm-und-electronic-business/Electronic-Business/Electronic-Commerce/Digitale-Guter/index.html/?searchterm=Güter.

—. **2000.** Digitale Güter und ihre Bedeutung in der Internet-Ökonomie. *WISU - Das Wirtschaftsstudium - Heft 6.* Juni, 2000, 6. Ausgabe, S. 835-842.

—. **2004.** Produktion digitaler Güter. [Buchverf.] Hans Corsten Axel Braßler. [Hrsg.] Hans Corsten. *Entwicklungen im Produktionsmanagement.* 1. Auflage. München : Verlag Franz Vahlen GmbH, 2004, S. 233-250.

**Stone, Brad und Miller, Claire Cain. 2009.** Virtual Goods Start Bringing Real Paydays. *NYTimes.com.* [Online] New York Times, 6. November 2009. [Zitat vom: 04. Januar 2011.] http://www.nytimes.com/2009/11/07/technology/internet/07virtual.html.

**Thiedeke, Udo. 2004.** *Soziologie des Cyberspace: Medien, Strukturen und Semantiken.* 1. Auflage. Wiesbaden : VS Verlag für Sozialwissenschaften, 2004. ISBN: 3-531-14072-8.

**Treiblmaier, Horst und Dickinger, Astrid. 2005.** Potenziale und Grenzen der internetgestützten Datenerhebung im Rahmen des Customer Relationship Management. [Hrsg.] Springer. *Wirtschaftsinformatik 2005.* 2005, 3. Ausgabe, S. 191-208.

**Trippe, Rebecca. 2009.** *Virtuelle Gemeinschaften in Online-Rollenspielen: Eine empirische Untersuchung der sozialen Strukturen in MMORPGs.* 1. Auflage. Berlin : LIT Verlag Dr. W. Hopf, 2009. ISBN: 978-3-643-10301-7.

**Varian, Hal R. 1998.** *Markets for Information Goods.* University of California, Berkeley. Berkeley : University of California, Berkeley, 1998. S. 19, Entwurf.

**Vollmer, Theo, et al. 2008.** *Grundlagen der Betriebswirtschaftslehre: Bachelor Kompaktwissen.* [Hrsg.] Bernd Camphausen. München : Oldenbourg Verlag, 2008. ISBN: 978-3-486-58356-4.

*Why do people buy virtual items in virtual worlds? An empirical test of a conceptual model.*
**Guo, Yue und Stuart, Barnes. 2009.** Verona : ECIS 2009, 2009. 17th European Conference on Information Systems. S. 1-14. Manuscript ID: ECIS2009-0012.R1.

**Wirtz, Bernd W. 2010.** *Electronic Business.* 3. Auflage. Wiesbaden : Gabler Verlag, 2010. ISBN: 3-409-21660-X.

**Woodcock, Bruce. 2009.** Mmogchart.com. *An Analysis of MMOG Subscription Growth - Version 23.0.* [Online] 23, Mmogchart.com, 2009. [Zitat vom: 04. Januar 2011.] http://www.mmogchart.com/Chart1.html.

**Ziegler, Peter-Michael. 2009.** EA zahlt bis zu 400 Millionen Dollar für Playfish. *Heise.de.* [Online] Verlag Heinz Heise, 9. November 2009. [Zitat vom: 04. Januar 2011.] http://www.heise.de/newsticker/meldung/EA-zahlt-bis-zu-400-Millionen-Dollar-fuer-Playfish-854532.html.